# いつも一人で頑張ってしまうあなたへ

女性が自分らしく働くためのヒント



幻冬舎MC

# はじめに

「リーダー会議の出席者は男性が大半。〝あうんの呼吸〟で話が進むのでついていけないことも多く、自信をなくしてしまっています……」

「同じ部署の男性部下は私の発言に何かと難癖をつけてきます。これって私が〝女性〟だからでしょうか」

「育児休暇を終えて職場復帰したら、以前のキャリアとはまったく関係ない部署に。働き続けられる環境はありがたいけれど、今のままでいいのか悩んでしまいます」

　この本を手に取ってくださったあなたは、このような悩み、心のモヤモヤを抱えているのではないでしょうか。

「男女雇用機会均等法」が施行されて30年以上が過ぎ、女性が働くうえでの残業時間や賃金、雇用機会といったハンディキャップはずいぶん少なくなりました。

２０１９年の総務省「労働力調査」を見ても、15～64歳の女性の就業率は7割と過去最高を記録しています。

しかし、働く女性の数が増えている一方で、残念ながら女性が活躍できる環境はまだまだ整っていないというのが現状です。

先の数字の内訳を見ると、男性就業者の77・2％が正規社員である一方で、女性の正規社員は44・0％。半数以上をパート・アルバイトが占めています。非正規社員が多い理由はさまざまでしょうが、男性と同じような条件で働いている女性はまだ少数派なのです。

また、厚生労働省「平成30年度雇用均等基本調査」によると、企業の課長相当職以上の管理職に占める女性の割合は11・8％。管理職率が30～40％を超す欧米諸国と比較して異例の低い数字となっています。

つまり働く女性の数自体は増えても、日本の企業はまだまだ男性社会。それゆえ、多数派の男性によってつくられた会社のルールや組織風土に沿った行動を求められることも多いのです。

こうした男性中心の文化が根強いなかで、どうふるまうべきなのか。先に挙げたあなたの〝居心地〟の悪さの要因は、正解が分からないまま、与えられた仕事をこなすだけの日々に空しさを感じてしまっていることにあるのかもしれません。


加えて、女性は男性と比較して良くも悪くも感受性が強く、繊細な一面を持ち合わせています。人の思いを察する共感力、コミュニケーション力には長けていますが、仕事になるとその一面がネガティブに働くことも。男性が比較的、客観性をもって仕事に向き合っているのに対し、女性は職場での上司からのちょっとした注意や、男性社員からの些細な心ないセリフを真正面から受け取り、傷ついたり、自信を喪失してしまったりしがちです。

このような経験が重なると、頭のなかを支配するのは負の感情ばかり。「頑張っているのになぜ認めてもらえないんだろう」→「ひょっとして嫌われているのかもしれない」→「だから評価されないんだ」といった泥沼にも陥ってしまいます。

リーダー的ポジションに登用されても女性管理職自体が少数派ゆえに孤立してしまい、相談できる同性の先輩も少ない。悩んだ末、「やはりリーダーには向いていないんだ」と自責の念にかられ、組織を去ってしまうケースも見られます。

本来ならば組織で大いに活躍できる素質をもっている女性たちが、こうしたことでチャンスをふいにしているとしたら、それは非常にもったいないことです。

私は長年、女性が多く働くコールセンター業界に身をおき、管理職として現場の運営、採用・育成、女性リーダー職の支援に従事してきました。また、女性のみならず多様な人材の登用を進めるダイバーシティプロジェクトを立ち上げ、担当役員として活動を推進。２００９年に独立・起業したあとも、女性管理職の育成支援に携わった経験を活かし、本物のリーダーとして活躍できる女性をサポートするメンターの活動を続けています。

これらの経験を通じて強く確信しているのは、女性は表面的には自信がなく上を目指すモチベーションが薄いように見えても、実は人一倍、仕事に対する責任感も使命感も強いということです。一人でもんもんと悩みを抱えているあなたもきっとそうです。

そこで本書では、仕事へのモチベーションを見いだせなくなったり、進むべき道に迷っていたりする女性に向け、私自身が悩み、また女性部下の悩みに接してきた経験から得た働き方、キャリア形成のヒント、考え方をご紹介していきます。

高いポテンシャルをもつあなたなら、ちょっとした発想の転換や、視点を変えて取り組んでみることで、自分らしい働き方を確立することができるはず。そうすればムリに背伸びをしなくても、あなたをしっかり評価してくれる〝味方〟が現れ、自信をもって組織内でリーダーシップを発揮できるようになります。

仕事を通じ自分らしい生き方を確立したい女性にとって、本書が役立つ〝道しるべ〟となれば、これに勝る喜びはありません。

# いつも一人で頑張ってしまうあなたへ　～女性が自分らしく働くためのヒント～　目次

［第1章］

# 職場で心のモヤモヤを抱えていませんか?

## 日本のジェンダーギャップ（男女格差）は世界で121位、G7で最下位

「営業の部長がなんで女性なの？」

38歳で新規営業を担当する部門長になった際、男性の部下からそんな言葉を聞こえよがしに言われたことがあります。

私がコールセンターの業界に飛び込み、本格的に働き始めたのは28歳の時でした。スタートは遅れたものの、32歳の時には現場のオペレーションを担う部長としてコールセンターの業務・運営の立ち上げ、人材採用・教育などのマネジメントを任されるようになっていました。

約6年間、現場の仕組みの構築に携わったところで命じられたのが、新規営業担当部署への異動です。

当時は「男女雇用機会均等法」が施行されたばかり。日本の社会全体は男性色が強く、そのなかでも、特に外回りの営業は「男の仕事」というイメージが強かったように思います。

しかも新しい部門に集められたメンバーは、私以外は中途採用された営業経験ありの男性ばかりでした。完全にアウェーの存在です。

長年、現場にいてコールセンター業務、その運営のイロハについては誰よりも分かっている自信はありましたが、彼らは他社からやってきた腕に自信ありの営業のプロ。「営業経験もない、しかも女の下で働くなんてプライドが許さない」とでも思ったのでしょう。


あれから30年弱の月日が経ち、業種業界問わず女性たちが活躍している姿を当たり前のように目にするようになりました。さまざまな企業にお邪魔しても、リーダー職の肩書を持つ女性と名刺交換する機会も増えています。本書を読んでいるあなたもまた、そういった責任のある立場についているのではないでしょうか。

しかし、取り巻く職場環境や人間関係を深く探っていくと、まだまだ昔ながらの男性中心の企業文化が根強く残るなか、多くの女性たちが私同様にアウェーの立場に立たされ、モヤモヤとした思いや心細さを抱えている現実も見えてきます。

あなたが感じている〝居心地の悪さ〟は決して特殊なものではなく、多くの働く女性が共通して抱える悩みなのです。

まずは私たち女性を取り巻く日本企業の実態についてデータで紐解いていきましょう。

「グローバル・ジェンダー・ギャップ指数」というスコアがあります。ちょっと小難しい言葉ですが、世界の政治、経済、学術など各分野のリーダーの交流を促進し、世界情勢を改善するために作られた団体「世界経済フォーラム」が出しているデータで、世界の男女格差を指数化したものです。

各国の政治・経済・教育・健康の４分野について、男女間でどれだけの格差（ギャップ）が存在しているかを分析し、スコア化。国別ランキングも発表されています。

では、日本は世界でどの位置にあるのでしょうか。直近の２０１９年の結果を見ると、なんと１５３カ国中１２１位となっています。しかも、前年の１１０位からさらに順位を下げ、過去最低記録を更新しているのです。

先に挙げた４分野のなかで最も日本の男女格差が大きいのが政治分野で１４４位です。ご存知のように日本では16年より、働く女性がムリなく活躍できる社会を実現する「女性活躍推進法」を施行し、取り組みを進めています。その肝心の政策決定の場にいる女性の

### ［図表1］グローバル・ジェンダー・ギャップ指数

| 分野 | ギャップ指数 | 順位 |
|---|---|---|
| 政治 | 0.049 | 144位 |
| 経済 | 0.598 | 115位 |
| 教育 | 0.983 | 91位 |
| 健康 | 0.979 | 40位 |
| 総合 | 0.652 | 121位 |

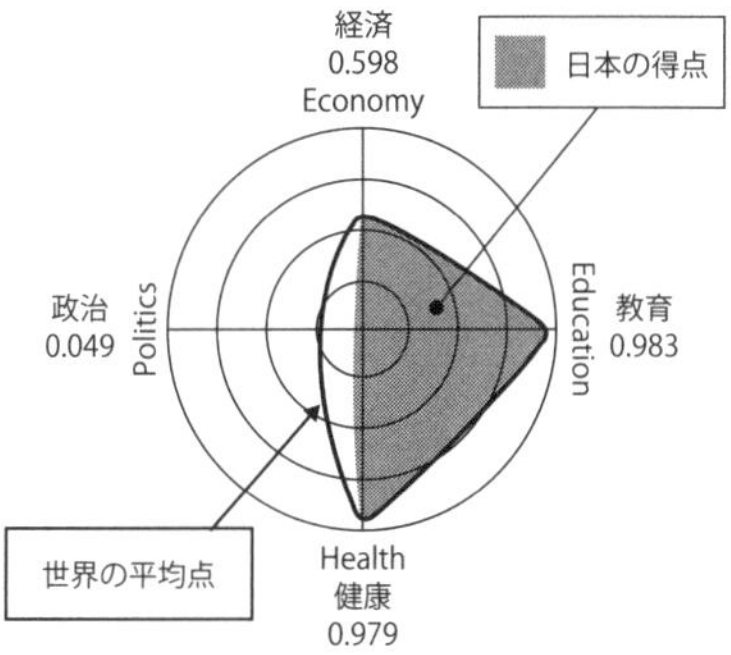


出典：世界経済フォーラム

数が世界でもビリに近いとは皮肉な結果だと思いませんか。

次いで2番目にギャップが大きいのが経済分野で115位。細かい内訳を見ても「労働力参加」「所得」のいずれもが低いランキングとなっています。

世界の先進国の一つでありながら、実は世界でも男女格差が大きい国に私もあなたも生まれ育ち、働いているのです。

一方、国内においては、こんな数字も発表されています。

2019年の総務省「労働力調査」です。これによると15〜64歳の女性の就業率は約7割と過去最高を記録しています。この数字をもって日本では女性活躍推進の取り組みが成果を上げているという見方もあるようです。

しかし、決して手放しで喜べる結果ではないのです。

先の数値の内訳を見ると、男性の正規社員率が全体の77・2％に達しているのに対し、女性の正規社員率は44・0％で、残り半数以上をパート・アルバイトが占めています。つまり、男性と同じような条件で働いている女性はまだ少数派なのです。

女性をはじめ、誰もが活躍できる社会を目指す「一億総活躍社会」を政策の要としながら、本当の意味で〝活躍〟する女性が増えているかというと、あなたが感じているようにまだまだ道半ばというのが現実なのです。

## 立場が上になるほど、孤独感を募らせる女性

少し硬い話が続きますが、データをもう一つご紹介させてください。

リーダー職に就いている女性の率です。実は日本企業で課長相当職以上の管理職に占める女性の割合は11・8％にとどまっているのです（厚生労働省「平成30年度雇用均等基本

調査」)。

就業率は約7割なのに、管理職率では30%弱~40%台前半の欧米諸国と比較し、異例の低い数字です。

つまり働く女性の数は増えていても、男性と同じような条件で正規社員として働いている女性は少数派で、管理職の女性となるとさらにレアな存在というわけです。

管理職の多くを男性が占めるということは、実際に会社の経営を担い、そのルールをつくっているのも男性が多数派ということです。

### [図表2] 役職別女性管理職割合の推移(企業規模10人以上)

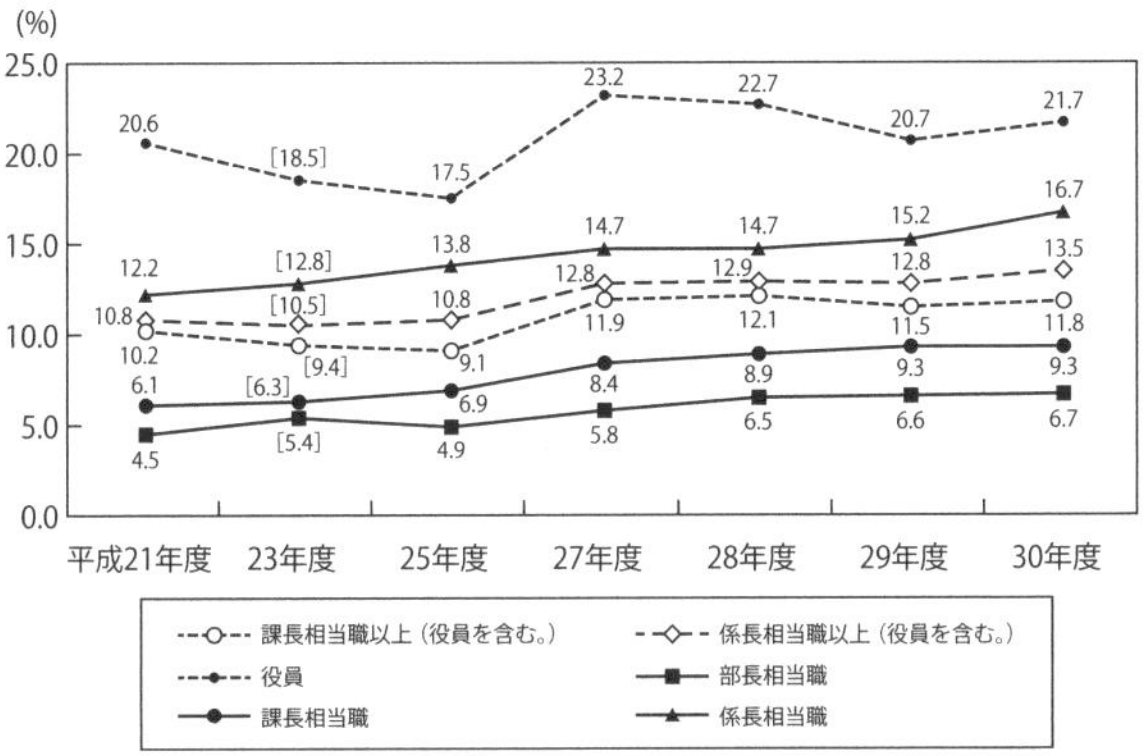


*平成23年度の[ ]内の割合は、岩手県、宮城県及び福島県を除く全国の結果。

出典:厚生労働省 平成30年度雇用均等基本調査

男性を中心とする昔ながらの文化やルールがなぜ今も会社を根強く支配しているのか。あなたが会社で上を目指そうとするほど、責任感とともに孤独感も増幅されてしまうのはなぜなのか。あなたが抱くモヤモヤとした思いの理由の一端がこうしたデータから見えてくるのではないでしょうか。

データに続き、今度は私が実際に見聞きしたエピソードをご紹介していきましょう。

ある企業で男性社員と雑談をしていた時のことです。

他社から転職をしてきて、新しく部長に就任した女性への周囲の男性社員の態度がどうも冷たいように感じたため、さりげなく尋ねてみました。

「頼もしい女性リーダーが入りましたね」

「ええ、でも、あの部長、男性の部下にあまり好かれてないんです」

「なぜ？　指示もテキパキされていて、とても優秀な方に見えるけれど？」

そこで彼が口にしたのは次の一言でした。

「だって女性ですよ……」

一瞬、耳を疑いました。

また大手メーカーで課長職を務めている女性は、つい耳にした直属の上司と次長になった同僚の男性の会話について教えてくれました。彼らはこんなふうに話していたそうです。

「女が上司になったらみんな辞めちゃうよな。そんなのイヤに決まっててんじゃん（笑）」

「やっぱりそうですよねー（笑）」

男性上司の軽い調子、同僚の男性が上司に合わせてなのか、一緒になって笑いながら話している様子にやるせない気持ちになったといいます。

「同僚の男性の昇進を心から応援していたんですが、ガックリきました。女性上司の下で働くのって、そんなに抵抗があるんでしょうか」

冒頭で、私に投げかけられた「営業の部長がなんで女性なの？」というセリフをご紹介しました。あれから約30年経っても、当時とさほど変わらないシーンが、今も多くの会社で展開されているのです。なんとも残念な気持ちになる話ばかりですが、これが実情なのです。

政府は「女性活躍推進法」の一つの目標として「２０２０年までに女性の管理職比率を

30%にする」ことを掲げていました。実際に20年の期限を迎えたものの、目標数値にははるかに及ばない状況下、「30年までの可能な限り早期」という計画にトーンダウンされました。それでも、一定規模の企業を対象に女性の役員登用数といった数値目標が掲げられ、大手企業を中心に女性管理職の数自体は少しずつ増えています。

ただし単純に女性を役職に引き上げただけでは、会社にとっても当の女性本人にとっても良い結果を生みません。

ある企業の男性上司からこんな相談を受けたことがあります。

「優秀だと思って役員に登用した女性がいるんだけど、会議で発言しても、どうも話が回りくどくて要領を得ないんだよね。私からいろいろと役職者としての心構えやアドバイスをしたんだが、どうも通じていないようだ。ちょっと彼女の話を聞いてみてくれないかな」

そこで彼女に話を聞くと、

「会社のためにと思っていろいろと提案しているのに、まったく耳を貸してくれないんです。おまけにあれこれ注意されて、女だからってディスられているんでしょうか」と言います。

同じ日本人で同じ言語を話していても、まったく考え方や会話が噛み合っていない状況です。これでは同じ組織の一員として手を取り合って成果を出そうにも、おぼつかないでしょう。

また、国からの要請で女性の役員登用率を引き上げようと会社が躍起になるがゆえに、同レベルの能力の男女がいると、女性のほうが優先的に登用される〝逆差別〟ともいえる現象も起こっています。

「藤田さん、なんだかおかしな世の中になってきたよな」

男性管理職の口からはそんな悩ましい言葉も飛び出します。

男性上司も女性を役職にどう引き上げるべきか悩み、さまざまな方策を取っているのでしょう。しかし、当の女性の大半は、突如、「女性活躍推進」という名のもとに「上を目指せ」とお尻を叩かれ、戸惑ってしまっているというケースも多いのではないでしょうか。

それでも昇進のオファーを謹んで受け、リーダーとして頑張ろうと思っている矢先に

「女の上司って……」などと、悪気はなくとも心ない言葉を投げつけられたのでは、次に続く女性リーダー候補も尻込みしてしまいかねません。

## 人間関係、マネジメント、この先のキャリア……業務に不安を抱いていませんか

　実際、リーダー初心者マークやリーダーの卵でもある女性たちからの不安の声や相談が私の元によく寄せられます。

「リーダーになれ、と言われるけれど、先に役職に就いた女性の先輩たちを見ると、大変そうで自分には荷が重いんです」

「せっかく役職に就いても、会議で決定権をもつのは男性上司たち。リーダーになっても意味がないように感じてしまいます」

「あとに続く女性リーダーのために頑張りたいけど、頭の固い上司と若い部下たちの板挟みでストレスが爆発しそう……」

　あなたも彼女たちの声に共感できる部分が多いのではないでしょうか。しかも、こうした昇進にやや否定的な女性の声を耳にすると、多くの男性上司は「女性は仕事へのモチ

ベーションが低い」「向上心が低い」などととらえてしまう傾向があります。これも非常に残念なことです。

多くの女性部下を見てきた私の経験からいっても、男性と比較しても仕事に対する使命感や真剣さは決して負けることはなく、人一倍高いと感じています。

しかし、「女性の管理職ゼロ」という会社も少なくないなか、「こんな女性リーダーになりたい」と思えるような身近なモデルが周囲にいない状況では、「役職を目指そう」と決意するのは、女性に相当の勇気を強いるものなのかもしれません。

あなたをはじめ、多くの女性たちが会社で感じているであろう違和感、孤独感、その背景にある企業の実態について見てきました。

ここからは私自身が会社員時代、感じたモヤモヤについてお話ししたいと思います。

私が働いていたコールセンターの会社で、女性初の取締役に登用されたのは１９９９年のことです。当時は、大手の一部上場企業でも女性の取締役数人程度。私の取締役就任のニュースは新聞記事として掲載され、インタビューを受けたほどでした。

だからといっても、私がもともと、「上を目指したい」「バリバリ働きたい」といったキャリア志向だったのかというと、まったくそんなことはありません。むしろ逆でした。大学卒業後、父の紹介である会社に入社するものの、1年後には結婚を機に寿退社しました。当時としては珍しくない、いわゆる腰掛け社員だったのです。

結婚後、息子が生まれ、専業主婦としての日々を送っていた私ですが、27歳で父を亡くし、翌年の離婚を経て自分の人生を見つめ直すこととなりました。

「これからどうやって生きていこうか」。そこではたと気づいたのは、まともに働いた経験さえない私には何の特技も誇れる能力もないという厳しい現実でした。

実家を頼るにも限界があります。子どもを一人前になるまで育て、生きていくにはお金が必要です。覚悟を決めました。「こんな仕事がしたい」などと考える余裕もなく、「とにかく食べるために働かなければいけない」という一心で就職活動をスタートさせたのです。

そこであれこれ求人情報をチェックして、「これなら私もできるかな」と恐る恐る飛び込んだのが、今のキャリアにつながるコールセンターのパート・アルバイトでした。

最初はただがむしゃらにオペレーターとして電話応対に取り組んでいましたが、現場でオペレーターを統括し、チームを取りまとめていくスーパーバイザーという役職を任されることになります。仕事の面白さに目覚めたのはその時です。

子どもが小学校に入ったのを機に、もっと本格的に働こうと転職を経て正社員になりました。ここでは営業企画の仕事を任され、企画書の書き方やプレゼンテーションの仕方など、仕事の基本を上司についてイチから学びました。まだ若く、スポンジが水を吸い込むように業務のイロハを吸収し、自分にできることが増えるのが本当にうれしかったことを覚えています。

そしてプレゼンテーションなどで結果を出せば、上司に褒められ、会社からも認められます。「結果を出す」喜びを知ったのはその時です。毎日、会社に行くのが楽しくて仕方ありませんでした。

## 上司の注意を受け、傷つき落ち込んでばかりいた私の30代

しかし、さらに新たな職場に籍を移し、コールセンターの新規立ち上げや運営、採用・

教育業務を担う部長職に就いたあたりから、次第にモヤモヤとした思いを抱くようになりました。

ある時、私が提出した報告書を見て、上司から「やり直し」の指示が来ました。

（内容が間違っていたんだろうか。数字もチェックしたはずだけど……）

上司に「どこが悪かったんでしょうか？」と尋ねたところ、「タイトルのつけ方が間違っている」との指摘です。

私が記したのは「〇〇の件」。世間でよく見られる一般的なタイトルです。

しかし聞くと、会社には独自の統一した表記法があるというのです。明文化されたルールブックもなければ、教えてもらった経験もありません。日本企業にはよくある独自の不文律のようでした。

「そんなことも今まで知らなかったのか」という指摘に、「本質的な内容、業務や仕事には関係ない小さなことで、なんでいちいち注意されなきゃならないの」と不満をくすぶらせながらも、指示どおりタイトルを訂正し提出しました。

無論、あなたも日々目にしているように、どこの会社でも意味のないルールは存在するものです。そして、その会社自体に女性を明らかに差別するような文化があったわけでもありませんでした。

問題は、上司との関係性と、上司に対して私が負の感情を過剰に抱いてしまったことにありました。

その後もミーティングの作法や社内独自の用語が分からず、とんちんかんな受け答えをしてしまう小さなミスがあると、その上司からチクチクとイヤミを言われるようになります。些細な指摘が重なるたびに、女の私に対する意地悪だと感じるようになってしまっていたのです。

新しい会社ということもあって、私はコールセンターの業務立ち上げ、人材採用・育成などの現場の業務に追われ、目まぐるしいほどに忙しい日々を送っていました。しかも人手が足りず、電話が集中すると、私もオペレーターとして電話応対をしなければならないことも多々ありました。もちろん年中無休。朝から夜まで土日も休まず働くこともありました。

本来の仕事が忙しいのに加えて、上司からの注意に私は必要以上に過敏に反応するようになっていました。

「もう上司にあれこれ言われたくない」という思いから、提出書類に関してもダメ出しをされないよう誤字脱字がないかを10~20回とチェックするようになります。それでも忙し過ぎて小さな見落としがあると、容赦なく注意が飛んできます。

次第にその上司を中心に「あいつ、あんなこともできないのか」と社内でコソコソと陰口を叩かれているような気にもなってきました。

(ひょっとして私は評価されていないのかな)

(嫌われているのかな)

と疑心暗鬼に陥るようになります。仕事外のことまであれこれ気にするばかりの日々に「何のために仕事をしているんだろう」というむなしさから、疎外感を抱いたり、仕事に自信がなくなったりして落ち込むことが増えていきました。

泣きながら家路につき、「もう辞めたい」と思うことも何度もありました。

あなたも、会社独自のルールに「何の意味があるんだろう」と疑問に思ったり、そこで注意してくる上司に「なぜこんなことで評価されなきゃいけないの？」と憤慨したりした経験があると思います。

私も同様に納得できない義憤を抱え、負の感情だけが頭に渦巻く悪循環に陥っていました。今ならば「会社ではよくあること」とサラリと跳ね返したり、受け流したりできることが、「女性だから私は阻害されているのかも」という思いもあってできなかったのです。

## 〝紅一点〟の取締役会で言われた「空気を読め！」

3年間ほど心理的に苦しい日々が続きました。当時はコールセンターの拠点を拡大していくのにあまりに忙しく、夢中で現場を駆けずり回り、仕事に追われていたのが逆に良かったのかもしれません。なんとか辞めずに乗り切ったところで苦手だと思っていた上司が異動となりました。

その後、私自身も異動で営業部に所属となり、そこで部長として成果を出したことが評価されたのでしょうか、45歳で取締役の任命を受けたのです。

女性初、紅一点です。周囲の役員は全員、私より年齢が上の男性ばかりでした。

いちいち上司の言葉に傷つき、右往左往していた30代の頃とは違って、会社のルールや男性社会のやり方にもだいぶ慣れていたつもりでした。しかし、そこでも新たな疎外感を味わうこととなりました。

一例を挙げましょう。取締役会での出来事です。

午前から意見を交わし、12時になりました。すると何も結論が出ていないのにもかかわらず、「では、そんなことで」といった具合に社長の一言で会議が終了したのです。

（えっ、何も決まっていないのに）

キョトンとしている私を後目にほかの役員は「はい、では」と返事をし、ぞろぞろと会議室を出て行きます。

やっとこさ一人の男性役員をつかまえ、「何も決まってないのに、なぜ終わっちゃったんですか？」と尋ねたところ、彼はこう言い放ちました。

「空気を読めよ」

（空気って、何の空気？　どういうこと？）

ますます狐につままれたような思いになったことを覚えています。

あなたもリーダー会議などで、〝あうんの呼吸〟で会議が進み疎外されたような感情を抱いた経験があるかもしれません。

結論から申し上げると、あなたや私が直面した男性中心の企業文化で目にする現象は、それ自体が特に重要な意味をもつものではありません。

心にとめておいてほしいのは、先にも述べたように、男性が多数派の日本の企業においては、長い時間をかけて伝承されてきた、女性の価値観では理解しにくい企業風土やルールが根強く残っているということです。特に伝統があるような企業の経営層にいるのは、男性中心の社会を長く過ごしてきた昭和世代の男性が大半ですから、それも致し方ないことなのです。

では、私たち女性は自分らしい働き方を実現するうえで、どう考え、どう対処していくべきなのでしょうか。

次章から、私や私がアドバイスをしてきた女性部下、後輩女性のケースも踏まえ、具体的な対上司・部下との付き合い方、リーダーとしての心得を展開していきます。

［第2章］

# 男性中心の組織のなかで孤立しがちなあなたへ

～「上司との関係」を良くするためのヒント～

## 男性中心の組織文化に無理に合わせなくていい

「上からの一声で、ウチの上司は言うことがコロコロ変わるんです。事前の打ち合わせで決めたことが１８０度変わるようなこともあって困っています」

「直属の男性上司が、女性の私より同僚の男性を買っているようです。ただ上司の指示に従っているイエスマンなだけで、成績は私のほうが上げているのに……」

男性社会で時に起きる理不尽な現象のなかでも、男性上司の言動には下で働いている立場として腹を立てる以前に〝不可解〟〝不思議〟な思いを抱くことも多いのではないでしょうか。

しかし、あなたがその理由や背景について深く考えたり、自分がついていけないことに悩んだりする必要はありません。「私のどこが悪いの？」と自分を責める行動も意味がありません。残念ながら悩んでも仕方がないからです。

だからといって、諦めて「男性の言いなりになれ」と言っているのではありません。もちろん「男性に負けないよう対抗しよう」と主張しているわけでもありません。

男性が多数派の日本の会社では、一般的に女性の多くが大事にしている価値観とはまったく違う男性的価値観から構築されてきた仕事のお作法や人間関係のルールが根強く残っています。

その存在を知り、男性上司らの言動に戸惑ったり、必要以上に傷ついたりしないよう、心の準備をしておこうということです。

例えば、男性的価値観が強い仕事のルールでは「自分がどうしたいか」「自分がどう思うか」より、「組織の一員としてどうふるまうべきか」「他者からどう評価されるか」という客観性が重んじられます。女性がどちらかといえば「自分がやりたい」という思いを大事にし、主観性を重んじるのと逆です。

最近、ヒットした病院の人間模様を描いたテレビドラマで、こんなシーンがたびたび登場しました。

院長が下した命令に対し、それがどんなムチャなことであろうと、男性部下たちが「御意！」と唱和するのです。

あなたもご覧になっていたかもしれませんね。ドラマなので演出上の誇張はあるとしても、あの〝世界〟は程度の差こそあれ、まだまだ日本企業に根深く残っていると思います。私たち女性から見ると「そこまで上司にペコペコするなんてバカみたい」と思ってしまいますが、会社や上司が「こうやってほしい」と決めたことに対し、そのとおりに「やる」のが男性社会のルール。言われたことに対して、言葉であれこれ言わず、黙って行動で返すのが求められる上司・部下の関係性なのです。

いい意味でも悪い意味でも、個人的な感情抜きで、多少理不尽に見えることでも、決められた目標に向かって、行動できるんですね、多くの男性は。

そう考えると、冒頭で挙げたような男性社会の不可解な出来事に、あなたも賛同はできなくとも、「そういうことか」と一定の理解ができるのではないでしょうか。

そして第1章で挙げたような、私が経験した「本質的に意味がないルールに従った報告書の書き方を守る」「結論が出なくても〝あうんの呼吸〟で会議が終了する」といったことも、連綿と企業で受け継がれてきた独自のやり方なだけなのです。

そこに特に大きな意味はありません。上から引き継がれてきたルールを守るという男性的価値観に従ってきたのが古き良き日本企業の運営スタイルだったわけです。

そこにいわば少数派の〝異分子〟として入ってきたのが女性です。

女性は先にも触れたように、「自分の思い＝主観性」を大事にするのと同時に、感受性が強く、繊細な一面を持ち合わせている傾向が見られます。

人の気持ちや心の動きに敏感なこと自体は悪いことではありませんが、ネガティブに働くと〝感情に流されやすい〟部分があります。負の感情も蓄積しやすいため、落ち込んでしまうような経験が積み重なると、衝動的に上司や会社に反抗的な言動をしてしまったり、「ここにはもういられない」などと考えてしまったりする〝危うさ〟も秘めています。

私が30代の頃、上司の注意一つひとつに敏感に反応し、「もう辞めたい」とまで思い込んでいたのも、その〝危うさ〟からだったと思います。

あなたもそんな危うい心の爆弾を、まさに抱えている最中なのかもしれません。

もちろん、これらはそれぞれ男性、女性に見られる〝傾向〟であって、性差だけでなく個人差もあります。今は比較的若年層の男性は上司に〝右に倣え〟というよりも、出された指示の理由や背景を求めてくるケースも多いといいますし、「最近は男性のほうが、心が折れやすく、女性のほうがタフで元気がある」といったような声も聞きます。

また、どちらがいい、悪いの問題でもありません。ビジネスにおいては論理性や客観性、私見を交えず成果に対してコミットする姿勢が求められます。一方、多様性を重視しつつ調和性の高いチームをつくっていくうえでは女性ならではの人を思いやる細やかさ、コミュニケーション能力が求められるシーンも増えていくでしょう。

こうした差異の傾向、それぞれのメリット・デメリットを踏まえたうえで、あなたに助言したいのは、仕事以外の事象や自分以外の人の心の動きに気を取られ過ぎて、余計なエネルギーを使うのはもったいないということです。

若い頃は意味のない会社のルールや上司のイヤミのように受け取れるセリフにモヤモヤしていた私も、「たいして意味がないのだから、いちいち対峙しても消耗するだけ」と気づき、「個人的な正義感でルールを変えよう、企業文化を変えようと立ち向かうのではなく、うまく受け流していこう」と考え方を変えたら、随分、ラクな気持ちで仕事に向き合えるようになりました。

感情を横においてこそ、冷静に自分を見つめ直すこともできるはずです。(自分が勝手にネガティブに思い込み過ぎていたのでは)と考え方も前向きにシフトできるようになるのです。

そう。あなたが男性中心の組織のなかで、よく分からないルールの存在に「どう立ち回るべきかしら」と悩んだり、必要以上に落ち込んだりしているなら、その時間も労力も実にもったいないと言わざるを得ません。

自分が求められている役割、結果に集中しましょう。そして女性だからといってあれこれ文句を言われない〝力〟をつけることが先決と考えるのが健全です。

## 上司の言動はあなた自身を否定しているわけではない

もちろん男性中心の文化やルールにとらわれなくてもいいといっても、なんでもかんでも「ありのままの自分」でいいというわけではありません。

あなたがチームの一員としてさらに高い成果を出していこうとするならば、プライベートとは異なるビジネスシーンで求められる意識の転換、リーダーとしてもふさわしいスキルを身につける努力も必要となります。

「会議で発言していたら、『話が長い！』とほかの役員に話を途中で切られて……。取締役になって初めて参加する業務進捗会議で、すっかり自信をなくしてしまいました」

そう私に相談してきたのは役員に登用されたばかりのＡさんでした。

Ａさんが役員就任以前の現場で部門を率いるトップとして計画を上回る業績を上げていたのは前から耳にしていました。その成果を認められ役員となった初めての発表の場で強引に話を打ち切られ、言いたいことの半分も言えなかったといいます。ひどく傷ついてしまっているようでした。

気持ちは痛いほど分かります。特に男性上司は部下に指示や注意をする際にも、「言うとおりやって」「言い訳はいい」「それ違うだろ」などと短いワードでコミュニケーションを完結するような傾向が見られます。私も何度もその洗礼を受けました。

こうした男性の間ではよく見られるコミュニケーションに慣れていない状況で、一刀両断にナイフのようなセリフを投げつけられると、心が繊細な女性は受け流す余裕も、投げ返すパワーもないまま、つい自分が「否定された」「拒絶された」という思いだけを蓄積してしまいがちです。

しかし、大前提としてあなたに伝えたいのは、指摘されているのは〝話の長さ〟です。そこを改善すればいいだけで、Aさん自身を否定しているのでもありません。

このケースでまず押さえておきたいのは、男性と女性では、一般的に好まれるコミュニケーション手法に差異があるということです。

分かりやすい例としてプライベートを振り返ってみましょう。あなたは恋人や夫とのコミュニケーションで、似たような思いを抱いたことがありませんか？

デートで会った恋人や仕事帰りの夫に、聞いてほしい話を「ねえねえ、あのね、会社でこんなことがあってさ。○○さんがね……」と話している途中で、「でさ、結局、何が言いたいわけ？」と冷たくあしらわれたり、「うん、うん」と聞いているフリをして「ねえ、聞いている？」と聞くと、実は全然聞いてなかったり……。そこで「ちゃんと私の話、聞いてよ！」と指摘したら、「そもそも話が長いんだよ」とケンカになる、というのもよくあるケースではないでしょうか（笑）。

また、話している途中で「それだったらこうすればいいだろ」とすぐに結論を出され、（ただ話を聞いてほしかったのに）ともんもんとしてしまうというのも女性によく見られる現象です。

こうしたことが積み重なると、女性はネガティブな感情の負のループに陥ってしまいがちです。「彼はいつも私の言うことを聞いてくれない」→「私のことを分かろうとしていない」→「私のことが好きじゃないんだ」といった具合です。


どうでしょうか？　あなたも身に覚えがあるのではないでしょうか。

女性は友人関係においても思いを交換し合い、「そうだよね」「そうそう」と共感をベースとした会話のプロセスを楽しむスタイルを好みます。仕事上でも上司からの指示に対し、「これはこういうことですか？」「こういうやり方のほうが効率的だと思います」などと意見のキャッチボールをしながら、上司の指示の意図や背景、求められていることを確認・共有し、しっかり納得感を得てから取り組みたいと考える傾向があります。

私は女性の部下をもつ男性上司に対し、「女性の部下に指示を出す際には、その背景についても丁寧に伝えてあげてくださいね」と常々伝えるようにしていますが、そう聞くと多くの男性は「女性の部下は面倒だなあ」と思ってしまうようです。

つまり、世の多くの男性は偏見や思い込みも含めて、「女性の話は長くて面倒」「論理的じゃなく、何言っているか分からない」ととらえがちなのです。

そこにはいい意味でも悪い意味でも差別するような意識はさほどないのです。そもそも長い話を聞くのに慣れていないだけなんですね。

ですから、「上司は私の話を聞いてくれない」イコール「私を評価していない」と思い込んでしまうのは、ちょっと過剰反応ではないのかな、と思うのです。

## 〝気分〟で〝自分〟をつぶさない

日本語に「分をわきまえる」という言葉があります。

「身のほどを知る」「分別をつける」「我を張らない」といった意味で使われるものですが、ビジネス上でも「分」のわきまえ方が非常に重要です。

仕事上、果たすべき役割を〝職分〟といいます。自分の感情が〝気分〟です。この2つの「分」のバランスをしっかり取ることが本来の〝自分〟を安定的にキープしていくうえで大事なポイントなのです。

女性の部下たちにもよく話していることなのですが、女性はとかく〝気分〟が先に立って〝自分〟をつぶしがちなところがあります。

例えば、上司からミスを指摘されたりした時、つい不満の色を顔に出してしまったり、何かを言い返してしまったりというのは、男性より女性に多く見られます。真面目な女性ほど、上司の言葉を真正面から受け止めて傷つき、〝気分〟が先に立って何か言いたくなってしまうのでしょう。特に上司が誤解している部分があれば、上司の話をさえぎってでも「そうではなくて」「でも」と釈明してしまいがちです。

自分のことを「分かってほしい」という思いは分かります。しかし、そうした言動はビジネス上では「単なる言い訳」ととらえられるのです。

また、リーダー職に就いている女性たちに聞くと、

「好き嫌いで『あの人とは一緒に仕事ができない』『あのクライアントはイヤ』などと感

情むき出しで言ってくるのは、残念ながら女性の部下が多いですね」と指摘します。

もし相手に非があったとしても、「嫌い」「イヤ」といった〝気分〟が先に立った言動は仕事上、わがままでしかないのです。

〝職分〟に関しても注意が必要です。あなたがリーダー職に就き「この職務を全うする」という強い思いで向き合うのはいいのですが、「ナメられまい」と肩の力が入るばかりに「私が上司なんだから、言うとおりにやりなさい！」といった過剰な〝職分〟に傾いた言動は、「女の上司ってキツいよな」「ヒステリー」などと、旧来の男性の価値観で反撃され、傷つく結果にもなります。

そのあたりのバランス感は、客観性をもって仕事に向き合うことが上手な男性のやり方に見習う部分もあるのではないでしょうか。

## 男性上司へのスピーチは〝枕言葉〟に一工夫

上司に発言を途中で遮られたAさんの話に戻りましょう。

私は彼女に尋ねました。

「本当に伝えたかったことは何だったの？　一緒に内容を整理してみよう」

「『結果を先に言え』とあとから注意されたんですが、まずそもそもの課題として業務プロセスに問題があると思うんです。そこを上司に分かってほしかったんです。具体的な改善案も用意していました」と言います。

男性が一般的に好む「結果重視」と、女性が大事にする「プロセス」。これも仕事の場面でコミュニケーションがうまくいかない理由の一つに挙げられます。

あなたも、男性上司から次のように言われた経験があるのではないでしょうか。

「途中の経緯はどうでもいいから、結果を先に言って」

「いくら頑張ったって、結果を出さなきゃ意味ないぞ」

結果重視の人に、プロセスの話を訴えようとしても「長い」「くどい」ととらえられがちなのです。

とはいえ、単純に「女性の話は長い」「女性の話は分かりにくい」と〝女性だから〟と一括りにするのも乱暴なやり方ですし、「結果だけ言って」というルールに単純に従うのが正しいやり方かというと、そうでもないと私は思います。

現場で実際に業務を遂行して感じたAさんの考えは、ひょっとしたら経営に大きく関わる重要な問題かもしれません。そこを一刀両断に片付けてしまうのは、彼女ならではの力、いいところをつぶしてしまうことにもなりかねません。

「Aさん、言いたいことを言うために伝え方を工夫した？　次回、同じ目に遭わないためには事前に論理を組み立てていこう」

そう伝え、まずは結論と数字を先に伝えることを大前提として、自分がどうしても伝えたいことがあるならば、

「説明に5分だけください」と、冒頭の〝枕詞〟を一工夫するやり方を提案しました。

そもそもマネジメント層は細かい現場の業務プロセスにはあまり興味がありません。その良し悪しは別として、伝えたいことがあるならば〝相手〟に合わせる姿勢が求められます。経営層が重視する数値やデータなどのエビデンスもしっかりと用意し、説得力のある論理性を一貫させ、聞く方を飽きさせない話の強弱やアクセントをつけることが肝要なのです。

また、「伝えたい」という強い意志も必須です。（突っ込まれないようにしよう）ということにばかり気を取られていると、型どおりの内容になってしまったり、自信のなさが出てしまったりしてしまいがちです。そうではなく、「会社のためにこのことを知ってほしい」と真剣に考えるならば、その本気度と情熱をしっかりと見せるべきでしょう。

こうしたプレゼン力はあなたがリーダーとして、チームメンバーに指示を出す際にも重要なスキルとなります。

ちなみにAさんのその後はというと、コロナ禍の影響で、しばらく会うチャンスがないなか、ある日、「後期の計画について資料を作ったので、見ていただけますか」というメールが来ました。

開いてみて驚きました。

メールの文章内にダイジェスト版でポイントを箇条書きしたうえで、「詳細は添付資料をご覧ください」と書かれています。経営に関する数字の分析も鋭く、数字を読み解く力も格段にアップしていました。

「目標は○○、今期の見通しとして目標達成率は○%となることが確実となりました」と実に理路整然としており、裏付けもバッチリです。

以前、「業務プロセスを聞いてほしい」と涙ながらに語っていた彼女から「随分、成長したんだなあ」としみじみうれしく思いました。これに基づいて会議で報告すれば、合格点は間違いなしと確信しました。

ですから、あなたが一回ぐらい会議やプレゼンで失敗しても、必要以上に落ち込むことはありません。ただ訓練ができていなかっただけなのです。

もちろん、それでもうまくいかないこと、意見が通らないことはあります。

ダメだった理由や反省点をしっかり振り返ることは大事ですが、そこで「私が悪い」「私がダメなんだ」と自分を責め過ぎるのは、先にも触れたように〝気分〟で〝自分〟をつぶしてしまうことにつながります。

こうしたシーンでも男性は一般的に気持ちの切り替えが上手です。

「今日は部長、機嫌悪かったみたいだから、ついてなかったな。また時期を改めて機嫌の良さそうな時に提案してみよう」

あなたも、そんなふうに起こった出来事を客観的にとらえれば、必要以上に落ち込むこともなく、改めて冷静に「自分に足りていなかった点」にも気づけるはずです。

すぐに「謝る」癖のある日本人に対し、本当に非がないとなかなか謝らないという外国人がよく口にする、なかなかユニークな英語表現もあります。

“It's not my day.”

「自分の日じゃない」、つまり「今日はついてない」という意味です。

謙虚に自分を振り返るのは日本人の美徳ですが、こうした視点の転換も「クヨクヨしても仕方がない」という前向きの気持ちにつながるのではないでしょうか。

また、今日がダメでも次の日があります。

“Tomorrow is another day.”

映画『風と共に去りぬ』のエンディングで、主役のスカーレット・オハラは新たな旅立ちに向けそう宣言しました。有名なセリフですね。

「明日は明日の風が吹く」。そして、今はダメでも明日という日は必ず来ます。

仕事は長期戦です。一つひとつの事象や人の反応に一喜一憂するのは得策ではないと心得ましょう。

## 苦手な上司とは「仕事の成果をスムーズに出すために付き合う」と考える

上司の言葉や態度に、いちいち感情的に反応しないようにしても、どうしても苦手な上司に遭遇し「もう我慢できない」ということもあるかもしれません。

「売上ばかりを気にして、お客さまは二の次の上司をどうしても尊敬できないんです」

「どこか女性をバカにしている態度が見え隠れして、生理的にイヤなんです」

そんな上司のグチが止まらない女性たちに対して、私は次のように問いかけることにしています。

「上司と結婚するわけじゃないんでしょ？」

「えっ!?　はい……もちろん」

「じゃあ、一生、添い遂げろと言われているわけじゃないんだから、上司の人間性や性格は関係ないでしょ。いい大人が性格や価値観を変えようとしてもそう変われないんだから、どうにもならないことにイライラするより目の前の仕事で結果を出すことに集中しようよ」

女性はチームの和を重んじる傾向があることから、職場でも仕事の内容以前に「人間関係が良い職場で働きたい」「アットホームで仲が良いチームで仕事がしたい」という理由で、居場所を決めることも多いようです。逆に人間関係を理由に、職場を離れてしまうケースもよく見聞きします。

しかし、多くのメンバーが属する企業においては、上司を含め一人や二人、必ず気が合わない人は存在します。育ってきた環境も、学んできたこと、育んできた人間関係も異なれば、もっている価値観や性格も大きく異なるのですから当然のことです。

そして会社において上司を選ぶことは一般的にできません。長い会社人生では、直属の上司にその苦手な人が当たってしまうことも残念ながら大いにあり得るのです。

あなたも、「もう顔も見たくない」という憎き上司がいるのかもしれません。女性は感受性が強いからなのか、上司のイヤな一面を見ると〝坊主憎けりゃ袈裟まで憎い〟とばかりに嫌いな感情を増幅させがちです。

その結果、「あの上司の下で働きたくない」「今の部署の人間関係が合わないから辞めたい」などと感情の赴くままに行動してしまいかねません。〝気分〟が先に立ってしまって、〝自分〟〝職分〟をつぶしてしまうパターンですね。


会社とは、求められる成果を出すために、たまたま集まったチームに過ぎません。

上司を含めメンバーとは仕事上のゴールを共有し、必要なコミュニケーションを取っていけばいいだけで、端的にいえばそのほかのことで「分かってもらう」「分かり合う」必要はないのです。仕事のやり方や方針について共有し、時に意見を戦わせるようなことはあっても、相手の人格に関わるような個人的な感情は意識してなくすのが正解です。

それでも、直属の上司とウマが合わず、上司の個人的な考えや判断が、自分の処遇や評価に影響しているように感じられることもあるでしょう。

しかし、その場合も未来永劫、その上司と付き合わないといけないわけではありません。

そこが会社のいいところで、いくらイヤな上司でも、たいてい、異動などでいつかは目の前からいなくなるのです。

私も正直「苦手だな」と思う上司の下で働いていたことがあります。

第1章でも触れた会社の細かい独自のルールやお作法にうるさい〝お局型上司〟です。

しかし、3年ほど経ったところで、人事体制が変わり、その上司は異動となりました。体制が変われば人間関係のパワーバランスも変わります。職場の雰囲気もガラッと変わりました。そうなると、今まで落ち込んでいたのがウソのように、「自分が必要以上に気にし過ぎていたのかも」と落ちついて考えられるようになったのです。

仕事上では、あまり私的な感情を表に出さない男性も、時にはイヤな上司のもとで働き、神経をすり減らすようなこともあるはずです。そういう時に、彼らはどうするかというと「上司が異動になる2～3年の辛抱だ」と考えるそうです。

もしあなたが苦手な上司に対し過敏に反応してしまう状況下に陥っているなら、そのあたりのビジネスライクな割り切り感も見習ってみませんか。

仕事をするうえで、チームワークは大事です。

しかし、あまりに〝ヒト〟に自分が大事にする価値観をフォーカスしてしまうと、時に苦しくなります。〝ヒト〟ではなく、仕事やプロジェクトといった〝コト〟を最優先し、〝コト〟をスムーズに運ぶためには〝ヒト〟とどうコミュニケーションを取るか。考え方の優先順位を変えれば、あなたが苦手でイヤだと思っていた上司との上手な付き合い方も見えてくるのではないでしょうか。

もちろん、人間として明らかにダメな上司に当たってしまうこともあり得ます。それでも、いい年齢の大人の人格を変えるのはムリだと心得るべきでしょう。

率直な思いをぶつけたり、対峙しようとしたりしても話を聞いてくれるどころか、「だから女は感情的なんだ」などと残念な形で受け止められ、骨折り損にもなりかねません。

数年、我慢して状況が変わると思うなら、目の前の仕事を淡々とこなしチャンスを待ってみましょう。自分の役割を全うし求められる結果を出してさえいれば、望んでいた異動が認められたり、他部署の上司が「あの社員はウチの部署のこの仕事で働いてもらおう」と目をかけてくれたりすることもあります。

実際、私も他部署でくすぶっていた女性部下に対してそういうオファーをしたことが何度もありますし、それによってメキメキと頭角を現したケースもあります。

一人の上司へのネガティブな感情だけで、「この会社、もうイヤ」と判断してしまうのはもったいないことです。どんなにイヤだと思っている会社にも、一人ぐらいは表立った形ではなくても味方になってくれる人はいるはずです。

## 「女性だから○○」「女性って△△」という言葉に過敏に反応しない

さて、苦手な上司に限らず、あなたは男性上司の次のような何気ないセリフに引っ掛かりを覚えた経験があるかもしれません。「女性」を主語とするフレーズです。例えば、

「女性って話が長くて、何言ってるかよく分かんないんだよね」

「女性って感情的で、すぐ泣くから面倒なんだよな」

などなど。ポジティブな意味合いでも、

「女性ならではの感性を活かして～」などというセリフに、どうも違和感を覚えるという人もいるのではないでしょうか。

ビジネスシーンで「男性って～」というセリフはあまり聞かないのに、「女性だから」

「女性って」というフレーズはよく会話に上ります。

なぜだと思いますか？　その理由は意外に単純。最大のポイントは一般的に会社では「女性は少数派である」からなのです。

第1章でも指摘したように、男性が多数派の会社では、管理職に就いている女性、その候補である女性はごく少数です。あなたが、時に職場で疎外感を抱いてしまうとしたら、単純に数が少ないということも大きいのです。

ですから、あなたに伝えたいのは「女って」と口にしてしまう男性上司もそう悪気があるわけではないということです。私の周りの女性部下をもつ男性に話を聞いても、「藤田さん、女性の活用って難しいよなあ」と、事あるごとに悩ましい思いを口にします。

彼らとて女性に頑張ってほしいのはやまやまです。しかし、「あまり厳しいことを言ってセクハラやパワハラなどと受け止められてはいけない」という思いから、結果的に〝腫れ物に触る〟ような対応になってしまうこともあるようです。

例えば、なかなか思うような結果が出ていない「女性活躍推進」の取り組みのなかでも、比較的進んでいるのが育児休業制度や時短勤務といった「環境の整備」です。

外側の制度、〝箱づくり〟にいち早く着手し、しかも育児休暇の期間を延長するような企業が増えている点に、男性上司サイドの意識が如実に表れていると思います。

キャリアアップを目指す女性のためにと考えるならば、様子を見ながら早めの現場復帰を応援し、元のキャリアに戻れるような「機会の提供」に力を入れるべきだと思いますが、つい及び腰に逆差別的な対応を取ってしまうのですね。

そして、男性が多数派の時代が長く続いた会社で、私たちが男性の言動に「？」「！」と感じるように、彼らも「女性はよく分からない」となるのも仕方がないことです。

そこで、自分の価値観では理解できない事象に出くわすと、短絡的に「だから女性は」と一括りに口にしてしまうのでしょう。

いいにつけ、悪いにつけ女性が思うほど決して意地悪をしたり、差別をしたりする意識はない無自覚なケースも多いのです。

そういう私も若い頃は、「女性」という言葉になにかにつけ過敏に反応することがよくあったように思います。その呪縛から解き放たれるきっかけとなったエピソードをご紹介しましょう。

私がコールセンター業務を統括する部長だった時のことです。

ある時、コールセンター運営を委託されていたクライアントからクレームが来ました。責任者としてすぐに現状を把握し、謝罪含めた対応をしようと、当時の直属の上司にあたる社長に報告をしました。

「こういうクレームが来ましたので、対応して参ります」

すると、社長は次のように言ったのです。

「藤田さん一人じゃ大変だろうから、ここは私が対応しよう。女性にそこまですべては任せられないからね」

細かいセリフの言い回しは多少違ったかもしれませんが、「女性に〜」のくだりで私の胸にザワザワとした感情が込み上げてきました。その正体は怒りと悔しさでした。

（女性だから一人ではできないだろうと、バカにされたんだ）と受け取ったのです。即、こう返しました。

「いえ、私が責任者ですから、自分の責任の範疇で処理します」

冷静に伝えたつもりでした。しかし、ネガティブな感情が表情や言葉に出てしまったのでしょう。すぐに社長はこう返してくれました。

「悪かった。そういうつもりで言ったわけではないんだ。すまなかったね」


驚きました。

社長というポジションにいる人、もっと言えば会社の男性上司から直接、謝罪の言葉を受けたのは初めての経験でした。

おそらく社長は単純に私だけでは大変だろうと、助け舟を出してくださったのでしょう。しかし、私はその意図に気づかず、〝女性〟という言葉だけに過剰に反応してしまったのです。

自分のほうこそ、いつの間にか男性に対して「女性だからってバカにしてるんでしょ」という思い込みをもっていたのでしょう。そして一つひとつの言葉を真正面からハートで受け止め、勝手に傷ついたり、怒ったりしていたのではないかと気づいたのです。

この出来事は目から鱗でした。上司でありながら部下の女性に頭を下げ、私の感情を慮った言葉をかけてくれたことに感謝し、すぐに仕事モードに返り、クレーム対応に走りました。これを機に社長への信頼感が増したことは言うまでもありません。

この気づきを得て、知らず知らずのうちに肩肘を張っていた私も、徐々に自然体でいられるようになったのです。

「女性」「男性」という言葉には言葉以上の意味はさしてないのです。私はリーダーという「役割」を与えられているだけなのだから、〝女だから〟とか〝男だから〟とか考えず、「役割を全うしよう」という考え方にシフトしていく契機にもなりました。

あなたも、男性上司などから軽い調子で「女性は～」という言葉を投げかけられたとしても、そこに過剰に反応するのは消耗してしまうだけです。よほど差別的な発言でなければ、スルーするのが正解です。

そして世の男性上司には、あの時の社長のようにぜひ女性部下の細やかな心の動きに少しでも配慮して、〝慮る〟言葉をかけてほしいなあと思います。私がそうであったように些細な一言で女性たちが救われることも多いということを、多くの男性にもぜひ気づいていただければと願っています。

## 自分に甘えない。「今いる場所から逃げたい」はNG

ここまで男性中心のルールや上司の言葉に真正面からぶつかり、傷ついた結果、「もう辞めたい」などと考えるのはいい決断にならないことが多い、と申し上げてきました。

もちろん、あなたが冷静に自分のキャリアを見つめ直したうえで、これまでの経験を活かして「別の道に行こう」と考えたのであればいいのです。

そうではなく「この職場にいても仕方がない」「この上司はもうイヤ」と心が折れて辞めたいという決断には危うさが伴います。単純に「傷つきたくない」という自分のプライドを守るための「甘え」が働いているケースが多いからです。

どんな理由で転職するかは個人の自由ですが、あなたがもしこうした自己本位の感情から転職を考えているとしたら、いくら新天地を求めても同じような結果をたどることにもなりかねません。若いうちはよくても、転職を繰り返していくうちに「何も成し遂げずに、ただ年齢だけを重ねてしまった」という残念な結果にもつながりかねないのです。

私自身、その時の気分で「辞めたい」と思ったことは何度もありますが、真剣に「辞めよう」と考えた経験は2回です。

1回目はコールセンターの業務・運営統括に8年間ほど従事した38歳の時。新規開拓を担う営業部長を任命されたタイミングでした。

その理由は単純に「やったことがない異分野の営業部門の長を命じられた」ということではなく、ここまで必死にコールセンターの現場で培ってきたものを全否定されたと感じたからなのです。

すでに触れたように、苦手な上司の小言にも耐えながら、コールセンターの運営体制を構築し、人の採用計画から教育体制づくりまで、自分なりに必死に取り組んできたつもりでした。そのかいあって、よちよち歩きだったセンター業務も規模、質も伴う形で成長し、業績も上向くなか、一定の実績をつくり上げ、売上に貢献してきたという自負もありました。

ところが、責任感に押しつぶされそうになりながら力を注いできたコールセンターの現場を離れ、突如、下されたのは「新規営業部門の部長をやれ」という辞令です。

私の胸に湧き起こったのは、（上司はここまでの努力と成果をまったく認めてくれていないんだ）という思いでした。自尊心がガラガラと崩れそうになり、自分の感情を平静に保ち、プライドを守るためには「環境を変えるしかない」「この場を去るしかない」と考えたのです。

とはいえ、異動に伴う引き継ぎなど、目の前の業務に忙しく、間抜けなことに私は「辞めます」と言い出す機会を逸してしまいました。（チャンスを逃した）と思ったものの、実は辞令が出てから日が経つうちに私の心も落ちつきを取り戻していました。

そこで改めて辞令を下した社長に向き合い、理由を聞くことにしました。

「なぜ私が営業部長だったんですか？」

辞令を受け、感情的になっていた渦中には、尋ねる心の余裕もなかったことです。

「今こそ新規開拓業務を強化していかないと会社の将来はない。会社がさらなる成長を目指していくために重要な任務なんだ」

「でも、私、営業なんかやったことがありません。ましてや部長なんて荷が重いです。役に立たないと思います」

「今のままの藤田さんを買っての結論です」と社長。

「わが社の商品はコールセンター運用そのもの。モノを売っているのではなく、ビジネスモデルを売っているんだ。ほかの中途採用の営業マンがその価値を語れるかというと、営業経験は豊富でも、まずはムリでしょう。先頭に立ってその価値を伝え、顧客に自信をもって語ることができるのは現場を知り尽くしているあなたしかいない」

その言葉で私はようやく自分に課せられた役割を理解しました。

そして、プライドをズタズタにされたと思い込み、怒り心頭で「辞めてやる！」と先走らなくてよかったと心の底から思ったのです。

2回目に辞めたいと思ったのは、２００９年、独立直前の時です。迷ったすえ、今度は組織を離れ、新しい道を歩むことになりました。

では、あなたがもし「辞めようか」と悩んだ時の判断基準はどこにおくべきなのでしょうか。その一つとして伝えたいのが先にも挙げた「自分が傷つきたくないだけ、現実から逃げたいだけの決断ではないのか」ということです。

人が「逃げたい」と考える最大の理由は「自尊心を守りたい」「傷つきたくない」といった「甘え」です。

これは転職に限らず、ビジネスやスポーツ、そのほかの勝敗が関わるようなあらゆることにも共通します。リスクを取っても「やってみる」「攻めてみる」べき時に、「失敗して傷つきたくない」と安易な逃げや守りの姿勢を取ると、そこを突かれて悪い結果につながることが多いように思います。

何をするにしても「必ず勝つ」「成功する」という王道はありません。どの道を選ぶにしても「失敗する」「負ける」リスクは伴います。言ってみれば、どこの会社に転職しても思いどおりの業務ができるとは限りません。苦手な人間は必ずいますし、今よりもっとイヤな上司のもとで働く可能性だってあるのです。

どっちに進もうとリスクがあるならば、「ここから逃げよう」「辞めよう」ではなく、まずは目の前にやるべきことが与えられているならば、「やり切った」と思うまでやってみませんか。

先入観を捨ててやってみれば、当初は意に沿わない環境や仕事であっても、そのなかで新たな発見があるかもしれません。思いもよらぬ自分の能力、やりがいに気づき、信頼できる人との出会いもあるかもしれません。

それでもやってみてどうしてもイヤならば、いつでも辞める決断はできます。やってもみないで判断するのは、もったいないと思いませんか。

## 決断を下す際には感情と事実を混同しない

また、感情に任せて「もう辞めたい」と思いながらも、あなたのように真面目で責任感が強い女性は、心の底では「本当は辞めたくない」と思っているケースが多いように思います。自尊心を傷つけられ、自責の念にかられつつ本心と裏腹の行動を衝動的に取ってしまうケースです。

「部長に抜擢した女性の部下が『辞めたい』と言っているんだが、どうにも感情的で言いたいことが分からない。藤田さん、相談に乗ってくれないかな」

私がある企業の上司から頼まれ、話を聞いたBさんのケースです。

聞くと、最近、人事部長に就いたものの、数人の男性部下が会社を去ることとなりました。その退職理由として、女性のBさんが部長に就いたことを挙げたといいます。いい口実に使われたわけです。

しかも、ちょうど事業拡大のために中途で採用したばかりの社員が辞めてしまったとのことで、「退職のきっかけをつくったのは、私の責任です」「罪をつぐなうためには責任を取って辞めるしかないと思います」と涙ながらに語ります。

しかし辞めた男性部下のウソの言い訳を責めるどころか、「私の責任です」と言うぐらい責任感が強い彼女ですから、本当はリーダーとしての任務を全うしたいはずです。

「そんな思いで辞めちゃダメ」と言ったあとに、私はこう伝えました。

「まずは感情と事実関係を整理しよう。職場で何が起こったのか。真実は何なのか。そして自分は本当はどうしたいのか。冷静に一緒に考えてみようか」

Bさんが部長に就いたことが原因で退職者を出したというのは、まったく根拠のないことです。おまけに「お前がイヤで辞めたらしいぞ」などとデタラメな噂を社内で流され、自尊心を深く傷つけられたのでしょう。

「リーダーとしてどう責任を取るべきか」と思いを募らせるなかで、衝動的に「この場を去るしかない」「私が辞めるべき」という結論に達したのだと思いました。

こうして感情と事実を分けながら吐き出させ、整理しながら「泣きたいなら、存分に泣いていいからね」と伝えました。涙をポロポロ流しながらも、次第に彼女は落ちつきを取り戻していきました。

「もう一度やってみます」

そう語り、職場に戻っていきました。

物事を判断する時は、感情と事実を混在させないことが大事です。これはあなたがリーダーとして決断を下したり、部下の相談に乗ったりする時にも重要なポイントですので、ぜひ押さえておいてくださいね。

## 個人的な〝納得感〟を上司に求めない

自分のプライドを守るために甘えを優先させないことに関連し、個人的な納得感を求めないことも仕事をしていくうえで重要な視点です。

例えば、

「こういう仕事をしたい」

「会社のためにはこのプロジェクトを進めるべきだ」

あなたがそんな熱い思い、考え抜いたプランを上司に訴えても、会社ではそのとおりにいかないことは多々あります。

いや、むしろ「望みどおりにはならない」ことのほうが大半でしょう。

だからといってNGの返事に必要以上に意気消沈したり、自分を責め過ぎたりする必要はない、ということはすでにお伝えしたとおりです。

上司がNGを出したのは、あなたではなく、そのアイデアやプランに対してです。さらに言えば未来永劫、100%ダメというわけではありません。時期が来れば、あるいは改善を加えることで、日の目を見ることだってあるのです。

そうはいっても「せめて納得いく理由が欲しい」。あなたがそう思う気持ちはよく分かります。ただし、納得感を求める際には、その目的や方法に少々注意してほしいのです。

私のケースをご紹介しましょう。

役員に就任し、コールセンターの地方拠点を統括するようになった時のことです。

地方の拠点と本部との連携を円滑にし、成果を最大化していくうえで、あるプランを考案しました。部下である地方拠点の支社長とともに考え抜いた、個人的にも思い入れのある計画でした。ただし実行するには社長の承認を得る必要があります。

支社のメンバーのためにも、ぜひこのプランを通したい。その一心で社長にプレゼンをし、交渉を重ねました。しかし結論はあえなく「NO」でした。

そんな時、若い頃なら、

(なんで私の意見を認めてくれないのか)

(せっかく支社長ほかメンバーとともに考え抜いたプランをどうして通してくれないの

か）と、不満をくすぶらせ、「もう一度、社長に直談判してくる！」などと正義感を振りかざしていたかもしれません。そして、「言いたいことを言い切った」という納得感を得るまで対峙していたかもしれません。

しかし、それは「自分が納得できない。納得したい」という、あくまでも私的な感情です。上司からは、

「お前が納得しようとしまいと会社には関係ない」

「会社の判断には黙って従ってほしい」

と返されるのがオチでしょう。

私は、なんとか感情を平静に保ち、落ちついたところで（もう一度だけ交渉してみよう）と社長の元に向かいました。

「もう少しお時間をいただけますか」と依頼し、丁寧に会社が業務プロセスをより改善していくには、どうあるべきかという観点から先のプランを提案しました。

「なぜそこまでしつこく交渉してくるのか？」といぶかしげだった社長も、私の本気度が分かったのか「なぜダメなのか」の理由を具体的に話してくれました。

おそらく従来の男性的価値観で良しとされてきたコミュニケーションの流儀では、男性上司に「ダメ」「ＮＯ」と言われたら、「御意！」で返すのが正解なのでしょう。

だからといって、あなたも「そのルールに倣うべし」とは私は思いません。

あなたがもし部下もいる中間職的立場にいるならば、一緒に考えたチームメンバーにも納得のいくような理由を話し、意気消沈するメンバーを「次に向けて頑張ろう」とポジティブに背中を押してあげたいと考えるのは当然です。

ただし、大事なのは、自分の独りよがりの納得感ではなく、会社としてベストな決断をするという同じ土俵で、上司と自分双方の納得感を醸成する話し合いの場になっているのか、です。さらに「ならばダメ出しされても仕方がない。じゃあどう改善しようか」と、次の作戦に向かうための納得感に着地しているかということです。

　そうすれば、再交渉する際にも、

「なぜ私のプランがダメなんですか？」

といった単純に自分のアイデアの可否を問う言い方ではなく、

「会社のために、事業をより良くするために何が必要なのか。現状のプランに何が足りていないのかご意見をいただけませんか」
といった相談スタイルになるはずです。

そこで上司の指摘が「もっともだ」と思えれば、「全力で取り組んだけれども、よくよく考えてみたら気が付いていないところがあった」と冷静に考えられ、次に進めるのではないでしょうか。

あなたのように仕事に真面目に向き合う女性ほど、会社のやり方や上司の決断に「なぜ？」と疑問を抱くケースは多いかもしれません。その疑問を解消したいと考えた際には、気持ちが単純なエゴや自我に向いていないかを、まずは自分に問いかけてみてください。

自身の心中を冷静に見つめ、個人的な納得感、幸福感を求める感情をいったん手放す習慣を身につければ、上司とのコミュニケーションもよりスムーズになるはずです。

## 直属の上司に言えないことは、メンターも積極的に活用しよう

男性上司が大半を占める組織のなかで、どう言動をとらえ、行動を起こしていけばいい

のか、私の経験、失敗談を踏まえたアドバイスをさまざまご紹介してきました。

本来は社内で、あなたが抱える問題や悩みに寄り添ってくれるような先輩女性が身近にいればいいのですが、そもそも女性リーダーの数が少ないうえに、たとえ女性管理職がいても自分には遠い存在で気軽に相談できないということも多いでしょう。

そこで、私がぜひ薦めたいのが、上司以外の「メンター」をもつことです。

メンターとは仕事やキャリアの相談に乗ってくれる助言者を指します。

ここ数年、大企業などでは、制度として「メンタリング（メンターから支援を受けること）」を取り入れるようになっていますが、まだまだ日本企業全体で見ればレアケースかもしれません。

制度がなくても、社内・社外問わずいざという時に頼りになるメンターのような人を見つけ、相談できるような関係をつくっておくことはキャリアを構築していくうえで大きな力になります。

現在、バリバリと活躍している女性リーダーに聞いても、メンターに助けられた経験をもつ方が多いようです。今、保険会社で取締役を務めるＣさんは、「会社にメンター制度があるので、違う部署の管理職の男性上司にメンターになってもらったことがあります。けれど、自分にとっていちばん支えになったのは、異動になって出会った同じ部署の女性管理職の存在でした」と言います。

「部下に対しては『一定の感情で接しないといけない』『私が楽しそうに仕事をしていないと部下が管理職になりたいと思わないのではないか』と、あれこれ気を使うシーンも多くあります。リーダーとしては当然なのですが、私自身、不安になったり、質問したいと思ったりすることもあります。そんな時に話せる先輩女性が近くにいるという安心感があるだけで、部下にも上司としてこうありたいという、ブレない姿を見せられるんです」と明かしてくれました。

あなたも感じているように、女性リーダーはとかく会社で孤立しやすいもの。いざという時に頼れる味方がいると思えることが、メンタルを平静に保ち、上手にリーダーシップを発揮するうえでもいい影響を与えるのです。

「メンター制度もないし、そもそもメンターにどんなことを相談していいのか分からない」という人もいるでしょう。

参考までに私の事例もお話ししましょう。実は私にも働く女性としての師、心の支えとして慕っている方がいます。

増野みち子さん。メーカーや広告代理店などを経て独立。広告宣伝やマーケティングのプロとして、今も多くの企業のコンサルタントとして幅広く活躍されています。

私が前職で取締役に就任した頃からメンターをお願いし、もう20年以上が経ちます。折に触れて、独立した以降もお会いするチャンスをいただいています。

相談するスタイルは人それぞれでしょうが、ちなみに私は増野さんに質問をして「答えをもらう」というより、どちらかと言えば「どうしてこうなるの？」と会社で感じたモヤモヤとした思いを聞いてもらって、「背中を押してもらう」「自分が『それはおかしい！』と感じたこと、考えていることが間違っていないのかを確かめる」うえで長く支えていただいたように感じています。

仕事熱心なあなたなら、業務上で何かハードルにぶつかっても、まずは自力で乗り越えようといろいろと解決策を模索するのではないでしょうか。いくら周囲の助言を頼りにしても、実際に動くのは自分なのですから、その姿勢は立派です。

しかし、会社では「どうしてこんなことになるのか」「そうあるべきではないはずなのに」といった、正解のない理不尽なことも起こり得ます。

「増野さん、聞いて」と、私が増野さんの元に駆け込むのもそんな時でした。

男性社会での不可解な出来事や、投げかけられた心ないセリフ、それに対する悔しい思いや自分が考えたことを、

「増野さん、聞いてください」「こんなことがあったんです。私の考え、間違ってますか」などと訴える私に、たいてい、増野さんは（ふんふん）と黙って話を聞いてくれました。そして、

「そんなこと気にすることないわよ」

「仕事ができない男性の嫉妬なんか、くだらないわよ」

「それよりあなたが目指していることを頑張りなさい」

大きな器で私のくすぶっていた思いを昇華してくださる存在でした。

「ああ、増野さんがそう言ってくれるなら、大丈夫だ」

多くを語らないまでも、そっと私の心に寄り沿う温かい一言に、何度、救われたことでしょうか。

どうにもやり場のない感情をやり過ごし、仕事にまい進できたのは、第三者の立場から支えてくれた増野さんの存在が大きかったと思います。

私が今、後輩女性のメンターとして活動しているのは、増野さんほか多くの先輩たちから受け取ったメッセージや助言を、自身の経験を活かしながら、後輩の女性たちにギブバックしたいと考えているからです。

この本をあなたに向けて書いているのもそうです。かっこつけたり、世の中の常識的なルールに固執したりせず、同じ女性として経験に基づくリアルな言葉を伝え、頑張っているあなたの背中を押してあげられればと思っています。いわば自分が受けた恩を世の中に返しているようなものですね。

あなたは決して一人ではありません。身近に相談できる女性の先輩がいなくても、働く女性や女性リーダーが集まる社外ネットワークなども多く存在します。ＳＮＳなどで探してアクセスしてみるのもいいのではないでしょうか。

自分の会社内の狭い人間関係に閉じこもるのではなく、アンテナを広く張り、メンターやロールモデル、一緒に悩める同士を探すのも、自身のキャリアを磨くうえで重要な仕事です。

そして、背中を押してもらって自分らしさを回復した時には、ぜひあなたも後輩女性にその経験値をギブバックしてあげてください。

［第３章］

# チーム内の人間関係に悩んでいるあなたへ

## ～「同僚・部下との関係」を良くするためのヒント～

## 昇進のオファーにすぐに「NO!」は止めよう

「女性に『役職に就いてほしい』と話すと、『ちょっと考えさせてください』とか『私にはちょっと荷が重いです』と言われることが多いんですよね。なぜなんだろう?」

人事の仕事をしている男性上司からそんな相談をされることがあります。

「女性登用を進めてほしいと言われても、当の本人からあまりやりたくなさそうな顔をされると、なんだかね。昇進に積極的な男性を登用したほうがいいんじゃないかと思うこともあるんですよね」といった本音も漏れ聞こえてきます。

実は大企業を対象とする「女性管理職」に関する意識調査によると、「管理職になりたい」と回答した女性社員は18・7%。「管理職になりたくない」女性社員はその2倍以上の49・0%に上ることが明らかにされています(クレイア・コンサルティング調査・2014年)。

少し前のデータとはいえ、実際、女性の管理職率がいまだ低水準の12%程度ということからも、意識の変化は進んでいないようにも見受けられます。

しかも同調査の対象は女性登用が比較的進んでいるとされる大企業。それでも約半数が「管理職になりたくない」と考えているのですから、やはり女性の大半は昇進に興味がないのでしょうか。

かといって、あなたが感じているように、女性たちが仕事へのモチベーションが低いのかというとそうではありません。

ある企業から「コールセンターでオペレーターとして働く女性たちが上を目指すやる気が薄い印象を受けるので、原因を明らかにしてほしい」という依頼を受け、ヒアリングを行ったことがあります。

すると、彼女たちは口々に「オペレーターの仕事が好きなんです」「この会社のサービス、商品が好きなんです」と熱心に語るのです。出産や育児を経て十数年超、勤続している女性も数多くいました。会社・商品の第一のファンとして、顧客に対応しているまさにプロ。オペレーターの鏡のような人たちばかりです。

しかし、そこで「現場を統括するスーパーバイザーをやってみない？」「マネジメントを目指してみない？」と話をすると、私がコールセンターの運営統括をしている時代から回答にほぼ変わりはありませんでした。

「今のままの仕事がいいです」「人を管理する役職には興味がないです」

十中八九、「NO」の答えが返ってきます。どの年齢層でも回答に違いが見られない点からも、一般的に言われているような出産や育児などライフイベントとの両立だけが理由ではないのです。

では、なぜ女性は一般的に出世に対して消極的なのでしょうか。

一つには仕事に対する価値観や志向の違いが挙げられるでしょう。

女性が「上を目指すより好きな仕事がしたい」といった主観性、「仲良くチームで仕事をしたい」といったチームワークを大事にするのに対し、男性は「やるなら大きな仕事をしたい」「責任感のある仕事をやり遂げたい」と考え、企業内での上下関係も重視する傾向が見られます。

「一発当てたい」という山っ気や大きな夢を抱きがちな男性に対し、女性は比較的現実的で「失敗したくない」という感情から新しいチャレンジにも慎重です。協調性がある分、「私がリーダーになったせいで、周りに迷惑をかけたくない」と思う人も多いようです。

また、女性の管理職率アップが目標に掲げられ、そのための制度は整備されつつあるといっても、制度を運用する側の男性上司の意識、女性の上司を自然に迎えるような職場の空気感の醸成はまだ追いついていません。

その現実を敏感に察知し、「余計なストレスや責任感を抱えるより、目の前の好きな仕事をやっていたほうがいい」という思いが先に立ってしまうのかもしれません。

けれど、先の「女性管理職」に関する意識調査に戻ると、「絶対になりたくない」という人が半数近くで、「やりたい」と答えた人は19％弱なら、残りの3割程度の人は「やりたい」とも「やりたくない」とも答えていないという結果も見えてきます。

仕事は好きだけど、「上に立ちたいか？」と問われると、「率先して手を挙げるのは」と、生真面目な女性ほど考えてしまうのかもしれません。

あなたはいかがでしょうか。バリバリの先輩女性リーダーを遠目に見て、「私になんかムリかな」と不安を抱えているでしょうか。もしくは、リーダーを引き受けたものの「私で良かったのかな」と自信をなくしてしまっている状態かもしれません。

けれど、私はそんな悩みが伴うことは承知のうえで、昇進のオファーが向こうからやってきたら、ぜひチャンスをつかんでモノにしてほしいと思うのです。

私がアルバイトからスタートし、電話応対のオペレーターから最初に役職を得たのは現場を統括するスーパーバイザーでした。

役職といっても小さな役割ですが、私の仕事に対するモチベーションはそこで一気に上がりました。役割が成長とまでいかなくても、アルバイトから社会人デビューをしたよちよち歩きの私に勇気をくれたんですね。

そして当時は思いもよらぬことでしたが、最終的には取締役専務執行役員まで務めることとなりました。もちろん、一足飛びに役員に駆け上がったのではなく、一歩一歩キャリアの階段を上っていった結果です。

その経験から言えるのは「上に行くたびに見える景色が変わってくる」ということです。登山に例えるなら、上を目指す途中ではさまざまな苦労があります。息が苦しくなって、もう下山してしまいたいと思うこともあるでしょう。しかし、その過程で一つひとつ、課題をクリアし解決していくことで、体力も気力も備わってきます。そして上に行くほど少しずつ見える風景が変わり、楽しみも増えてきます。

そして山の麓にいた時は見えていなかった違う景色のなかで、その時々で支え合ってきたチームメンバーと「ありがとう」「頑張ったね」という言葉を交わし合う。

その爽快感は山を登った人じゃないと分からないように、経験してみないと味わえないものです。

## 昇進に不安があるなら、その〝原因〟を上司に伝えて相談しよう

あなたがもし今の仕事が好きで全力で取り組んでいるならば、「この仕事が好きだから頑張る」というレベルから、もう少し欲をもってみませんか？　少し目線を高くもって、違う景色も見てみませんか？

最初から明確なゴールが見えていなくてもいいのです。大きな野望やプランがなくても、自然体で与えられた役職や仕事を受け入れ、感情に任せず目の前の登るべき山を一歩ずつ

進む。新しい景色が見えたら、またひと息ついて、次の中継点を目指す。

急がず、焦らず。一歩一歩進んでいくことで「ああ、ここまで来たんだ」「やれることが増えてきた」という自信も生まれてくるのだと思います。

また、あなたがもし「私にリーダーなんて務まるのかな」、あるいは「やっぱり私はリーダーには向いていない」などと思っているとしたら、男女関係なく「誰もが最初は初めての経験。最初から自信をもってリーダーになる人も、やっている人もいないよ」ということも助言したいと思います。

最初に部長職を任命してくれた社長は、固辞する私に、

「僕も社長は初めて。みんな初めてなんだから」

と言ってくれました。そんな気軽なセリフでどこか肩の力を抜いた形で引き受けることができたように思います。

私は女性にリーダーをオファーする際には、「役職を任命する」というよりも、「この仕事を一緒にしない?」「一緒にやれたら面白いと思わない?」と声をかけるようにしています。「一緒にやるんだ」「後ろでサポートしてくれる人がいるんだ」という自信と安心が

あれば、どこか慎重な女性も構えることなく自分らしく階段を一歩一歩上れるのではないかと思うのです。

前職で直属の上司部下の関係で一緒に働いてきたDさんが、私が辞めてから役職に就いたと聞き、その時の心境を聞いたことがあります。

彼女は契約社員として入社。正社員の試験を受け、一歩一歩階段を上ってきた努力家です。そんな彼女の地道な働きぶりをいつも見てきた私は、組織を離れた今も長く付き合いを続けています。彼女はこう言いました。

「もちろん、私の性格上、自信満々でお受けするという心境ではありませんでした。でも藤田さんのもとで働いてきた経験から、リーダーといっても一人で考え、一人で決断し、なにもかも自分でやらなければならないというわけではないんだ、チームメンバーで一緒に目標を成し遂げるんだ、という気持ちで引き受けました」

続けて、

「同じ組織にいなくても、後ろを振り返れば藤田さんがいる。一人ぼっちではないという心強さも背中を押してくれました」と語ってくれました。

私とともに過ごした時間が、彼女にとって一歩進む勇気になったとしたら、とてもうれしいことです。

リーダーという立場に迷いを感じているあなたも、決して一人ぼっちではないのです。


また、マネジメント層の立場から、女性の活躍・登用を進める女性リーダーが増えてくれば、今の状況も大きく変わってくると思います。アパレル企業で役員をしているEさんは、女性の部下に昇進をオファーし、「ムリです」と言われたら、「なぜムリなのかを尋ねるようにしています」と語ってくれました。

「何をサポートしたらできるのか。ボトルネックを聞いて、不安を解くと意外に『やってみます！』となるんですよね。だから、男性上司からオファーを受けた際にも、すぐに『ムリです』と答えるのではなく、『〇〇だから不安なんですとコミュニケーションを取ってほしい。じゃないと、ネガティブな評価になってしまうからね』と伝えています」と言います。

このやり方は多くの女性の背中を後押しするものだと思います。あなたも部下に役職をオファーする際、ぜひヒントにしてみてください。

そして、これからは男性上司にも、昇進のオファーをする際には、もう少し丁寧な説明をしてもらえればと願っています。

私自身が「なぜ私が営業部長なんですか」と上司に問い、「コールセンターの現場で培った経験を活かしてほしい」という答えに自分の役割を初めて認識できたように、部下から昇進の理由を求められたら、面倒がらずに答えていただきたいのです。

期待していることや、会社としての意図、上司としての思いを一言でも伝えれば、女性たちの意識は大きく変わります。自信とやる気につながり、きっと期待を上回る成果を出してくれるはずだと思います。

あなたも次なる昇進のオファーが来たら、まずは「受けてみる」姿勢を大事にしてくださいね。自分に足りないところはほかのメンバーの力を借りればいいのです。仕事は一人でやるものではないのですから。

## 女性リーダーへの〝やっかみ〟〝反発〟は気にしない

リーダーという役割に構え過ぎず、「メンバーと一緒に大事にしたいことを実現していくんだ」というぐらいの思いで引き受けてほしいと申し上げました。とはいえ、会社のなかではまだ少数派の女性リーダーを、好ましく思わない人も残念ながらいます。

「女は、いいよな」

とある男性の同僚から、そんな心ない言葉を言われた経験があります。私が営業部長に就任し、チームとして売上拡大に貢献し始めた頃のことでした。開拓した新たな取引先について〝女性を使って案件を獲得した〟といった根も葉もない噂を流されたうえの捨てぜりふのようなものでした。

「女性は～」とか「女って～」といった言葉には慣れっこになっていた私ですが、この時はさすがに怒りを通り越して絶句してしまいました。

（頑張って結果を出したのに、なぜこんなことを言われなきゃならないのか）

そう憤慨する一方で（くだらないことでエネルギーを使うのはやめよう。一晩寝て忘れよう）と気持ちを収めたことを覚えています。

あとで思うに、私が成果を出したことが同期の男性として、面白くなかったのでしょう。男性同士でも昇進を巡って足を引っ張り合うようなこともあるのに、その相手が女性となると目立つだけに、余計にやっかみや嫉みの対象とされやすいのです。

もちろん仕事ができる男性なら、くだらない噂に執心するヒマもないでしょうし、女性の昇進を心から応援してくれる男性だっています。それでも令和の時代になった今でも、「女性の下で働くのはイヤだ」といった言葉を何気なく発する男性はいますし、デキる女性リーダーに対し、男性メンバーたちが「女上司ってキツいよな」と面白おかしく陰口を叩くような場面に出くわすこともあります。

あなたがリーダーとして風当りの強さをなんとなく感じているとしたら、「どう対処したらいいんだろう」と悩んだりすることもあるでしょう。

しかし、だからといって、ヘンに遠慮して男性部下にこびるような〝忖度〟をするのはいいやり方ではないと思います。

リーダーという立場で「女だからこうしたほうがいいのかな」といった性差を強く意識し過ぎるのは、女性登用を疎ましく思っている人々の思うツボになりかねません。「女を使っている」などのくだらない噂や妬みの標的にもされかねないのです。

あなたは仕事をするうえで、部長、取締役といった〝役割〟を担っているだけです。リーダーシップの発揮の仕方はそれぞれで、性差による縛りは関係ありません。

もし、リーダーとして古参の部下が多くいるような部署に異動されることとなっても、女性を意識して〝情〟に訴えるより、〝正面玄関〟から正々堂々と挨拶しましょう。

あなたが、やるべきことは「チームで何をするのか」をきちんと説明すること。ビジョン、目指すゴール、その間のプロセスを分かりやすく示すことです。

ヘンな気の回し方を覚えるより、リーダーの基本として、プランを定めて説明できる筋書きを考える能力、それを伝えるための話し方をしっかりと磨いておくことが大事です。

また、「ナメられまい」とムリに背伸びをしても長続きはしません。ひと昔前ならば、女性の管理職といえば数少ないデキるカリスマ女性というイメージだったかもしれません。

しかし、あなたをはじめ次世代の女性リーダーが目指すべきは、男性が当たり前のように役職を目指すように、自分らしい等身大のリーダー像を確立していくことです。そのためにはあとにも解説しますが、普段から自分の強みや能力を振り返り、自分ならではのリーダーシップの発揮の仕方を身につけていきましょう。

自分らしい〝軸〟ができれば、社内のくだらない噂や陰口に振り回されないメンタルの強さもついてくるはずです。

心ない言葉をかけられたとしても、（もっと実力をつけてさらに上を目指していこう）と腹が据われば、笑顔で受け流す心の余裕ももてるのではないでしょうか。

## チームメンバーとの適切な距離感をつかむ

リーダーになると、自分の仕事力を磨くことにプラスして、「どう部下を育てていくか」というミッションが加わります。

あなたも、チームメンバーとの接し方についてはあれこれ悩むことも多いと思います。

実は上司より、チームメンバーとのほうが関係性の構築は意外にも難しいものです。

あなたがかわいい部下を熱心に指導するのはいいことですし、まめにコミュニケーションをとって信頼関係を築いていくこともリーダーシップのあるべき形です。

ただし、あまりに距離を縮め過ぎるのはオススメできません。いくら手塩にかけて育て、かわいがっていたような部下でも、優秀な人間ほど異動という形ではなく転職や独立で自分の元から去ってしまうことがあるからです。これは、その部下に目をかけていたほど、予想外にショックな出来事です。

もちろん、部下自身が先のキャリアを考え、新天地を目指すといったポジティブな理由で辞めるのであれば、多少寂しい気持ちがあっても「応援しよう」と快く送り出すことができるでしょう。しかし引き抜かれるような形でこっそりとライバル会社に転職、あるいは大事にしていた顧客やほかのメンバーまで連れて行くような形で独立となれば「裏切られた」という感情に打ちのめされかねません。

実は私にも似たような経験があります。

長く一緒に仕事をして、信頼していた部下でした。だからこそ、「裏切られた」という喪失感は非常に強いものでした。最初は「裏切るなんて」「許せない」と相手を責める気持ちが先行するのですが、なんと言ってもつらいのは次第に「上司として何が悪かったのか」「お互いに信頼し合っていると思っていたのは、私だけだったのか」などとネガティブな感情の矛先が自身に向かってしまうことでした。

先にリーダーといっても一人ぼっちではないと申し上げましたが、こんな時のリーダーは本当に孤独です。

あなたも経験があるように、上司の悪口だったら同僚や部下とも案外言いやすいもの。しかし、リーダーという立場で部下のネガティブな話は社内や第三者の人とは共有しにくいものなのです。

しかも指導する立場としては、いくら部下に非があったとしても、自分のマネジメントに明らかに足りない部分があったと認めざるを得ません。部下への悪口がブーメランのように自身に返ってくることは上司である自分がいちばん、分かっているのです。

結果、生真面目な女性ほど、やり場のない気持ちをどこにも吐き出せず、一人で落ち込んでしまいがちです。業務上の課題と違って、こじれた人間関係を修復する解決策を導くのは、いくらあなたが仕事ができるリーダーであっても困難なことなのです。

私も自分を責め、トコトン落ち込みました。その経験から一つ言えるのは「〝情〟には賞味期限がある」ということです。

長く苦楽をともにして働いていれば、上司部下の関係でも一定の信頼や親しみの情は生まれるものだと思います。その信頼関係が仕事でもプラスに働くケースは多いでしょう。

しかし、冷たいことを言うようですが、家族、親子などと違って、所詮は他人同士です。そもそも違うところで生まれ育ち、違う価値観をもったメンバーがたまたま会社という器のなかに一緒にいるだけで、時間を経れば関係性も変わってくるものです。

それが情の賞味期限です。

ですから部下に限った話ではなく、仕事上での人間関係に感情を入れ過ぎてしまうのは、危険です。そこに亀裂が入った際に、特にハートが弱い女性は心に深くキズを負ってしまいかねないからです。

自身の経験からあなたに助言するならば、職場の人間関係においては一定の距離感をもって仕事をし、成果を出すことに注力してほしいということです。そのプロセスにおいてリーダーという〝役割〟に徹し、そのゴール達成を一緒に目指す〝運命共同体〟という形でつながるチームを目指すのが組織としてのあり方なのです。

もちろん「言うは易し行うは難し」。人間はいつも合理的に行動できる動物ではありませんよね。何年、仕事をしていても人間関係の悩みは尽きるものではありません。

そんな時は、とことん悩めばいいのです。

もし、そこで部下や同僚に「最近、元気がないですね」と言われたら、詳しい事情は明かせなくても、「そうなのよ、ちょっと落ち込んじゃってさ」と素直に気持ちを発露してもいいのではないでしょうか。

ただしそこで大事なのは、きちんと自分の責任において悩むこと。悩みから抜け出したいという思いから、「部下が悪い」「会社の体制が悪い」などとほかに責任を押し付けていると、〝他責〟の姿勢がクセになってしまいます。

落ち込んでいる時は、気持ちをごまかしたり、ムリに押し込めたりせず素直になって落ち込んでみる。失敗した数だけ成長の伸びしろが広がるように、悩んだ経験の数だけ身も心も強くなるものです。

そしてどんなに落ち込むようなネガティブなことがあっても、一生涯、その悩みの泥沼から抜け出せないことは滅多にありません。あなたも正々堂々、正しく悩んで、落ち込んで、次のステップに活かしていきましょう。

## 大事なのは成果。仕事への「意識の違い」はどんな職場にもある

「チーム内に育児中で時短勤務の女性がいるのですが、ほかのメンバーから『早く帰れていいな』といった不満の声が上がって対処に困っています」

あなたのチーム内にも、育児中の女性や男性がいれば、独身でフルに働いているメンバーもいると思います。そうすると、こういった不協和音は大なり小なりどこの職場でも起こり得るものでしょう。

特に女性は結婚、育児といったライフイベントや家庭の事情によって仕事への意識、向き合い方が大きく変わってくるため、リーダーとしては当の本人とチーム全体にどう配慮するべきかは、大きな悩みどころだと思います。

ひと昔前と比べると、家事や育児に積極的に参加する男性、いわゆるイクメンも増えて

いると言われますが、やはり家事・育児の負荷は女性により重くのしかかっています。

実際、男性の家事・育児参加に関する調査によると男性の育児休業取得率はわずか7・2％。取得者についても日数は半数以上が「1週間以下」にとどまっています。家事の負担については、1週間の家事時間が「0時間」はさすがに4・7％と少ないものの、夫が担当している家事の1位は「ゴミを出す」で62・5％。本来、私たち女性がもっと負担してもらいたい食事の準備や片付けなどを分担しているケースはごくわずかなのです（「男性の家事・育児参加に関する実態調査2019」日本労働組合総連合会）。

家庭の事情は人によってさまざまならば、私の経験から言っても育児中の部下がいるチームのつくり方は決まった正解のない問題です。

育児休暇を取った経験をもつ女性リーダーに聞いても「私は早く仕事に戻りたくて半年で職場に復帰しましたが、当社では3年間の育児休暇が認められています。『子どもが小さいうちはそばにいたい』と、ギリギリまで休暇を取る女性に『早く戻って』とはなかなか言いにくいですね」といった声も聞かれます。

私自身の経験をお話ししましょう。

私の直属の女性部下Fさんがめでたく結婚し、出産を迎えることとなりました。「でも仕事は続けたいんです」とFさん。キャリアを諦めずに復帰することには大賛成です。しかしそこから頻繁に「体調が悪い」といった理由で、担当の仕事をよそに休暇を取るようになりました。

当時は産前休暇という制度はなく、上司として「じゃあ、ムリをしないでいいわよ」と休暇の申し出を快く許していました。しかし、あまりの頻度の高さにチームのほかのメンバーへしわ寄せがいくようになり、文句が飛び出すようになります。

チームの一人が出産を迎えるのは、本来、おめでたい話です。しかし、それで社内がギスギスしては上司として見逃すわけにはいきません。

彼女を呼んで働き方について話し合うことにしました。話を聞くなかで、彼女の出した結論は休職でした。「辞めるより正社員の立場ならば給料の3分の2がもらえるのでトクですよね」と言うのです。

会社のルールでは権利として認められていることなので、拒むことはできません。しかし、私は彼女の表情に、チラリとのぞくズル賢さを感じました。会社の制度を〝悪用〟とまでいかなくとも、権利だけを主張し、それに対する労働という義務をおろそかにしているような姿勢が見えたのです。また、それを許してしまうとチームの不協和音がさらに大きくなることは必至です。

　私はこう提案しました。

「3分の2でも給料を受け取るなら、会社から要求された最低限の業務はやってもらわないといけないけど、子どもが小さいうちは育児に全力投球したいよね。いったん、契約社員という立場で会社とのつながりをもちつつ、保育園に預けても大丈夫になったら、また戻ってくるというのはどうかしら？」

　結果はというと、私の案は却下されました。彼女は正社員として3分の2の給料を受け取ることを選び、結局、そのまま退職してしまいました。

　自ら契約社員になる道を彼女が選べば、メンバーの不満も多少は消化され、職場復帰もしやすいのでは、と考えたのですが、それほど仕事への思い入れはなかったのでしょうか。私の思いは彼女の心に届かなかったようでした。

ほかのリーダー職の女性たちにも話を聞くと、どこでも育児中の女性を巡ってはなにかと問題が発生しているようです。

「育休を取って復帰したのに、1カ月ぐらいで結局、退職してしまって『手当金目当て？』と社内で噂が立ったケースがあります」

「ズルをしたい、ラクをしたいという意思はないのでしょうが、産前産後休暇明けになるべく負担が少ないポジションを求めて、いろんな部署をさまよっている人も多くいます」

といった声が聞かれます。また、

「産休中でも病院のベッドからメールの返事を出すような女性上司がいたのですが、下の女性部下たちに聞くと、『私にはあそこまでできない』と。結果、『そんなに頑張らなくていいと言ってくれる優しい男性上司のほうがいい』といった声も上がったりするんですよね」

「男性上司があれこれ気を使い過ぎて、産休や育休後に復帰した女性の能力を〝殺している〟ように感じることがあります」

など、多様な課題を抱えている実態が見えてきます。

あなたも、仕事に対する意識があれこれ違う部下たちを抱えれば、対応をどうすべきか迷うことも多いでしょう。

私が自分の育児経験も踏まえ、女性たちに言ってきたことは一貫して「仕事のカンが鈍らないうちに復帰してほしい」「子どもがいても、できる範囲で活躍してほしいと思っている」ということでした。

その観点から、迷っているあなたにもぜひ勇気をもって、子どもをもつメンバーの背中を押してあげてほしいのです。なぜなら女性のリーダーこそが同じ女性として、ライフイベントと仕事を両立したいと考える部下の思いに寄り添い、サポートしてあげられる資質をもっているからなのです。

応援するだけでなく、私がご紹介した事例のようにチーム全体の状況を考慮し、時には厳しい言葉を提示できるのも女性ならではだと思います。

男性上司に聞くと、

「これを言ったらマタハラか、セクハラかと悩んでしまいます」

「子どもの病気や学校行事で急に休暇を取ると言われると、拒否はできないがほかの女性メンバーから文句が飛び出すと、対処に困ってしまう」

といった悩みを抱えている様子。特に育児経験がない年上の男性上司は、制度の整備は進められても、現場に合わせたうまい制度の運用となると手を焼いてしまうようです。

女性メンバーの3分の1が時短勤務中という部署の長をしているGさんは、こう語ってくれました。

「残業ができる人と、できない人がいるなかで、『早く帰れていいな』と妬むような雰囲気にならないように注意しています。独身だったり、子どもがいなかったりする女性にも、『いずれは結婚して、産休を取る可能性もあるよね』『親御さんの介護の問題が浮上する可能性もあるよね』と伝え、『時短のメンバーのフォローをするのはお互いさま。チームとしてやっていくうえでは当然の負担として取り組んでいきましょう』ということをなるべく柔らかい表現で伝えて、チームの雰囲気がギスギスしないようにしています」

このようにライフイベントや家庭の事情によって働くことに対する意識の違いがチーム内に生まれるのは仕方がないことなのです。あなたがリーダーとして目指すのはいかにフォローをし合えるチームをつくっていくか。そしてチームとして成果を出すか。そこに注力していくのが正解です。

また、あなたがもしこれから出産・育児を控え、「子どもをもったら、リーダーの役割なんか務まらないのでは……」「会社に迷惑をかけないよう、辞めたほうがいいのかな」と思っているとしたら、そんなことはありません。

仕事と育児・家事の両立は時間との闘いです。「万一、子どもが病気になった時のことを考え、日々、やり残したことのないよう集中して仕事をしよう」、あるいは「ほかのメンバーと仕事の進捗をしっかり共有しておこう」といった仕事のスキルが自然と身についたという女性も数多くいるのです。また時間の制約があるなかで、いかにメンバーに的確に指示し、チームとしていかに効率よく仕事を回していくかといったマネジメントスキルも磨かれていくはずです。

出産・育児の経験は決してキャリアを阻害するものではなく、リーダーシップを発揮するうえでも仕事に活かせる力をつけるいい機会になり得るのです。

だからこそ、あなたが「仕事を続けていきたい」と思うならば、出産・育児でキャリアを諦めてほしくないのです。その逆も同様です。

そしてその思いを、ぜひほかの女性メンバーとも共有し、チーム力をしっかり上げていきましょう。

## 男性部下への指示の出し方は進捗チェックが肝心

同じ部下でも、男性部下に対しては「指示の出し方に迷ってしまいます」という相談をよく受けます。

「初めて男性の部下をもって、どう指導したらいいのか戸惑っています」

「指示どおりに動いてくれないと、ナメられているのかなと不安になってしまいます。かといって、あまり上から目線だと反感を食らいそうですし……」

（男性は女性の下で働くことを、どう思っているんだろう）と、あなたが身構えてしまう気持ちは分かります。

しかし、結論からいうと「男だから」「女だから」とあれこれ意識する必要はありません。集中するべきはチームを引っ張り、メンバーとともにどう結果を出していくかであって、「女性だからどうふるまったらいいの?」などと考える必要はないのです。

ただ、指示を出す際にはちょっとしたコツがあります。といっても、男性部下への指示のスタイルは、女性の部下よりもシンプルです。

基本的に男性は上下関係に忠実です。上司の指示内容に合意していようといまいと、素直に従う傾向があります。ですから変な遠慮をしたり、持って回った言い方をしたりせず、ストレートに「やってほしいこと」「求める成果」などを、客観的な指標や数字を挙げ具体的な行動で指し示すようにしましょう。

注意すべきは指示を出したあとです。決して任せきりにはせず仕事の進捗状況を定期的に確認しましょう。

というのも、出した指示に対して表面上は素直に従う姿勢を見せたとしても、男性部下が指示の内容と上司の意図をしっかりと理解し、そのとおりに取り組むかというのは別の話です。サボるまではいかなくても、やり方を快く思わなかったり、ほかの仕事で忙しかったりすると、自分の判断でしばらくデスクの上や引出しに案件を放置してしまうようなことも大いにあり得るのです。

また仕事の取り組み方も、特に反発する気持ちはなくとも自分の判断で「これぐらいでいいだろう」などとムラが出るのも男性によく見られる傾向です。こうした事態を防ぐには、「今、アポイントの状況はどうなっている?」「資料はどこまで進んでいる?」「何か問題はない?」などと声掛けをするようにしましょう。

そこで想定した状況と異なっていても、(私の言うとおりになぜ動いてくれないの?)(嫌われているのかな?)などと感情を交えて考えるのは止めましょう。上司として目の前の事実・事象だけをとらえ、問題があれば軌道修正の指示を出すのが正解です。

従来の男性上司と部下の関係であれば、一度、指示を出したら、「〝あうんの呼吸〟で意図を汲み、動くべし」というのが流儀でした。あとになってから「なんで、俺の言っていることが分からないんだ!」とカミナリが落ちるケースも多かったのではないでしょうか。

そこは女性リーダーの細やかな気遣いとフォローが活きる場面です。ただし、進捗確認はくどくどと言葉を重ねず、シンプルにチェックしたいことだけを伝えましょう。

もちろん、私が営業部長に就任した時に経験したような男性部下から明らかな反発、歓迎しないムードで迎えられるようなこともあり得るでしょう。

そこでも決して正面から受け止めて傷ついたり、ひるんだりしないでください。

私がメンバーに言い続けたことは、シンプルに「頑張って数字を上げよう」ということでした。当初はなかなか思うような結果が出ず、会社の上層部からは会議でコテンパンに言われっぱなしの日々が続きました。

部下たちも悔しかったのでしょう。「悔しい」「ならば数字を上げるしかない」という思いで一致団結。最終的には目標の数字を獲得することができたのです。

リーダーの役割は「同じゴールを指し示し、誰もが理解できる共通言語の数字で意思疎通を図ること」。感情的に「私の指示どおりに動いて！」などとお尻を叩いても、特に自立心の強い男性部下は〝人のために〟は動いてはくれません。

与えられたミッション・ゴールを自分事としてとらえ、スイッチが入って初めて〝自分のために〟動き始めるはずです。

## 女性部下には指示の背景、プロセスを丁寧に解説

一方、女性部下に対する指導や指示のスタイルには、男性部下とは違った事前のプロセスと細やかな配慮が必要となります。

女性はビジネスにおいても仕事の内容や進め方、求められているゴールなどについて、関わるメンバーとコミュニケーションを取りながら、進めていくスタイルを好みます。「失敗して迷惑をかけたくない」という思いから、「とりあえずやりながら考えよう」というより、事前に上司の指示内容を確認し、「こうやればＯＫ」というお墨付きを得てから安心して仕事をしたいと考える傾向も見られます。

昔ながらの男性色が強い組織では、女性が好むコミュニケーションスタイルとは逆で、部下へ指示を出す際も「これ、やっといて」とポーンと仕事を振るようなケースがよくありました。いわゆる〝丸投げ〟というやつですね。あなたも部下としてそんな男性上司の指示に不安な気持ちになったことがあるのではないでしょうか。

不安を抱えたままでは、思うようなパフォーマンスを発揮することもできません。こうした事態を防ぐには、女性に対しては事前の丁寧なコミュニケーションが肝心です。私も女性の部下に対しては、「仕事が発生した背景」「なぜそれをやらないといけないのかといった理由」「なぜあなたに任せるのかといった期待値」、さらにアウトプットの日程の期限、目指すゴールも含め、事細かく伝えるようにしています。

そこまで丁寧に説明し納得しないと、男性部下と違って、女性の部下は「はい、承知しました」とはならないのです。

事前のコミュニケーションに加え、女性部下に対しては途中のＳＯＳのサインを見逃さないことが肝心です。

女性は男性部下と違って、途中の進捗確認をしなくても、何かハードルにぶつかった際にはたいてい、相談をしてきます。「ちょっと今、よろしいでしょうか？」そう部下から言われたら、大事なのはどんなに忙しい時でも仕事の手を休め、きちんと向き合って一対一で話を聞くことです。忙しいとつい「あとにして」などと口にしたり、聞き流したりしがちですが、こうした態度は絶対にNGです。

男性部下ならば、「タイミング悪かったな。あとで上司が忙しくなさそうな時にまた聞こう」などと客観的にとらえてくれるケースが多いのですが、多くの女性はこうした上司の態度を〝拒絶〟ととらえるのです。

1回程度ならまだよくても、同じように「今、出かけるところだから明日にしてくれる?」などと〝拒絶された〟経験が積み重なると、「あの上司は私の話を聞いてくれない」となり、二度と相談してこなくなります。

あなたも、部下の立場で男性上司に相談し、「今、忙しいんだよ」などと〝塩対応〟を受けた経験はありませんか。その時に感じたことを思い起こせば、同じ女性としての心理状態を理解できるのではないでしょうか。


褒め方についても解説していきましょう。実はここでも男女であるべきスタイルは変わってきます。

男性に対しては、指示の出し方同様に「よくやったね」「○○さんのおかげで目標を達成できたわ」といった具合にシンプルに行動を承認してあげるのがいいでしょう。

一方、女性に対しては、具体的な結果が出ていない段階でも、どんな小さなことでも変化があったら褒めること。その継続がさらなる成長につながります。


私の部下の具体例をご紹介します。転職してきたばかりの彼女にあるプロジェクトの担当を任せたのですが、すぐに「これは少々マズイぞ」と気づきました。仕事への意欲はあるのですが、企画書は論旨や表現が稚拙でそのままでは使い物になりません。クライアントへの対応も自信なさげで「交代要員を見つけないとダメかな」と一度は思いました。

しかし、頭ごなしに担当から外されたのでは、ほかの仕事を任せるにしても彼女のモチベーションは大きく下がってしまうでしょう。

そこで、「よし、私がマンツーマンで企画書の書き方からアドバイスをしていこう」と決心したのです。

まずは彼女に企画書を書いてもらい、上がってきた企画書に対し、ダメな点をアドバイスしていきます。書き直して再提出されたものに対し、「前回、指摘してなかったのに、ここのポイントによく気づいたね。表現方法もすごく分かりやすい」と、少しでも前進した変化を徹底的に、そして具体的に褒めるようにしました。

加えて「ここはこうしたほうがもっと分かりやすいのでは」とさらなる助言を加え、何度もこのプロセスを繰り返しました。

なかなか手がかかる作業ではありましたが、1年ほどするとボロボロだった企画書の精度が見違えるように良くなりました。

「この資料は分かりやすいですね」などと、クライアントからもお褒めの言葉をいただけるようになります。

褒められてモチベーションがアップした結果、私から「提案書、どうした？」などと急かさなくても、「次回の打ち合わせに使う資料をまとめましたので見ていただけますか」と事前に依頼してくるようになりました。そして、先方との打ち合わせが終わると、即、電話で報告作業もしてくるようになりました。「ここまで進みましたので、次回に向けてはここが課題ですね」とゴールに向けての道筋もつけられるようになったのです。

男性にも「褒めて伸ばす」作戦は有効ですが、口を出し過ぎると「母親みたいでうっとうしい」となります。男性は、あまり細かいことを言うと子ども扱いされている感覚にとらわれるようです。男性は褒めるも、注意するも、一定距離をおいて要所要所で入っていくのがポイントなのです。

メーカーで部長として数十人の部下を抱えているHさんも、特に女性部下への対応には細かい気配りを大事にしていると言います。

「対話は大事ですね。特に女性に対してはこちらから話すのではなく、『話を聞く』姿勢で臨むようにしています。言葉に出さなくても、悩んでいるような様子があれば、『何が不安なのか』『どんなサポートがあればそれを解消できるか』を聞くようにしています。いつでも後ろにいて、きちんとあなたのことを見ているよ、というサインを出し続けることがポイントだと思います」と語ります。

一般的に、男性上司は「どうだ？　大丈夫か？」などと部下の女性に声をかけても、「大丈夫です」と返事が来ると、言葉どおりに「大丈夫なら問題ない」と考えがちです。

しかし、あなたも女性として分かるように、「大丈夫か？」と聞かれて「大丈夫です」と答えるケースは、たいていなんらかの悩みを抱えているものです。女性部下に対しては、会話の〝行間〟を読む力も求められるのです。

時には「面倒だな」「手がかかるな」と感じることもあるかもしれません。しかし、その女性のもつ能力を最大限に引き出すためには、ちょっとした手間がモノを言います。

家庭でも妻の髪型の変化に気づかないような（笑）、いい意味でも悪い意味でも鈍感気味な男性に対し、細やかな感情の配慮が得意な女性ならではの力を活かせる場面でもあります。あなたも部下の話を聞くのは、何よりも優先すべきリーダーの仕事として、実践するようにしてくださいね。

## マネジメントの要は「いかにメンバーを上手に使うか」

ここまで読み進めたあなたはもうお気づきだと思いますが、部下への指導は時に自分が同じ作業をする何倍もの時間、体力、気力も必要になります。

しかし、そのプロセスを根気強くやることで、人間はこちらの想定をはるかに超えた成長ぶりを見せてくれることがあります。そうなればリーダーであるあなたの右腕、左腕となって、メンバーが力を発揮することで、決してあなた一人ではできなかった大きな仕事を達成することができるのです。

そう、マネジメントの要は「いかにメンバーの力を引き出すか」にあります。その観点から、私がマネジメント研修で学んだなかで、大事だと感じて日々心がけている5つの原則をご紹介しましょう。

一つ目が「決めつけない」ことです。

これは、特に過去の負の感情を蓄積しやすい女性リーダーに注意していただきたいポイントです。

分かりやすいように、プライベートの場面を挙げてみましょう。あなたは夫やお付き合いしている彼に対して、過去に1回あったことに照らし合わせて「あなたっていつもそういう態度取るよね」と責めるようなセリフをうっかり口にしたことはありませんか。

あるいは、自分の子どもに対して、「前も同じ失敗したよね。こんなことじゃいつまで経っても同じ失敗するよ」などと怒ってしまった経験はありませんか。

　こうした過去の出来事をもって、今のメンバーに関して「決めつけ」「思い込み」の言葉をかけるのはビジネスにおいてもご法度です。また、

「みんなが○○さんがイヤだと言っているようだから、プロジェクトから外そう」

といった、特に人間性や性格などに起因するような判断やセリフはメンバーとの信頼関係を逆行させます。

　常にフラットな姿勢で、実際に起きた客観的事実に基づいて判断、確認、質問をし、注意を促すようにしましょう。


　二つ目が「情報の共有」です。

　１１４ページの女性部下への指示の出し方でも記したように、仕事を任せる場合は「これ、やっといて」と乱暴に指示を投げるのはメンバーにとってもストレスになりますし、チームとしてのいい成果にも結びつきません。

　メンバーの様子を見ながら〝機を見て敏に〟、「このデータ使えるかも」「前に私が作っ

た提案書を参考にしてみて」などと、メンバーが力を存分に発揮するためにできる限りの情報を提供し、共有するようにしましょう。

三つ目が「支援すること」です。メンバーに任せた業務進捗が思わしくない場合でも、頭ごなしに担当を代えたり、「私がやるからいいわ」などと仕事を取り上げたりすると、メンバーのやる気を大きく削ぐ結果となります。
手間がかかっても、メンバーが業務を成し遂げられるよう、惜しみない支援に努めることが重要な役割と心得ましょう。

四つ目は「主体的な参画を促すこと」です。何でも「指示どおりにやって」というトップダウンのやり方では、部下は思考停止に陥り、単なるイエスマンになってしまいます。「あなたはどう思う？」と話を振り、メンバー自身が〝自分事〟として前のめりで業務に従事できるよう、メンバーの意見や考え方を聞く時間を積極的に取るようにしてください。
２０１９年に行われたラグビーワールドカップでは、控えの選手も含めた選手全員が

〝one team〟としてお互いを認め合い、各人がもつ力を出し切ったことが快進撃につながったことは記憶に新しいところです。
ビジネスにおいても、補欠も救護係も関係ありません。全員が自分の素養を活かし、参画できるチームづくりを心がけましょう。

最後のポイントは「思いを共有すること」。ここでは具体例を交え、お話ししたいと思います。

あなたは「部下の前で私的な感情を表に出すのはリーダー失格だ」などと思い込んでいませんか。正解は逆です。素直にリーダーの思いをメンバーと共有することは、強いチームをつくるうえで実は有効なのです。

私が正直な思いを「共有できなかった」エピソードをご紹介しましょう。

73ページでも紹介しましたが、私は以前、社長への提案の承認が得られず、ひどく落ち込んだことがありました。そこにタイミング良く、その案件に関わる支社の部下から電話がかかってきました。「ダメだったわ、ごめんなさい」と努めてビジネスライクに結果を伝え、グッと歯をくいしばってデスクで仕事に向かいました。

しかし、電話を切ったあとに、すぐにその部下から再度電話がかかってきたのです。そこで彼が言ったのは、「藤田さん、大丈夫ですか」という一言でした。

強がって虚勢を張っても、周りの人は案外、変化に敏感に気づくものです。声を聞いただけで私の異変に気づいた彼の言葉に、もう少しで涙腺が崩壊しそうになりました。なんとか堪えて「大丈夫よ」と答え、早々に電話を切ったことを覚えています。

今思えば、そういう時こそ「ちょっと落ち込んじゃった」と気持ちを素直に伝えればよかったなあと思い返すのです。

リーダーもチームの一人であり人間です。時に弱みを見せることは決してネガティブなことではありません。むしろ、チームメンバーの奮起を促し、「上司が困っているならば、自分たちは何をするべきか」などと自発的に考え、行動する雰囲気を醸成し、メンバー同士の絆を深めることにもつながります。

また、自分の思いやかっこ悪い姿もさらすことで、部下は自分や周りの人の抱えている悩みなども話しやすくなります。仕事上のチームとはいっても、人間対人間の付き合いです。何かあった時に相談しやすい雰囲気をつくることは、リスク管理のうえでも大事なことなのです。

## 今のその人にしかできない仕事を見つけてあげよう

もう一つ、あなたがリーダーとして女性の部下をもった際に、同じ女性として発揮してほしい大事な役割があります。

産前産後休暇などを経て職場復帰した女性への配慮についてはすでに触れましたが、加えて、実際に力を引き出せる場所をつくってほしいということです。

家庭の事情で、「仕事に全力投球できない」けれど「制限があってもしっかりと貢献したい」と考えるやる気のある女性に、どのような仕事を担当してもらうか。ここはリーダーの手腕が問われるところです。

もちろん、会社は結果を出すことが優先事項。そのためにも、チームのほかのメンバーに負荷がかかり過ぎないようにするとともに、本人も周囲に気兼ねし過ぎることなくモチベーションを保てる仕事を探すとなると、なかなか難しい課題です。

一部上場企業で課長として頑張っているＩさんのエピソードをご紹介しましょう。

「一人目を妊娠した時、直属の男性上司から『辞めるんだろ』と言われて愕然としたことを覚えています」

今ならばマタニティハラスメントで、即レッドカードが出る場面です。それでも仕事が大好きなＩさんは、マタハラ全開の男性上司の言葉にめげず、

「まだ会社に投資していただいた分、私、稼いでいません。必ず復帰して業績に貢献します。どうか席を空けておいてください！」

と明るく宣言し、休暇を経て復帰を果たします。しかし、残業ができないため長くキャリアを積んできた部署から、別の部署に異動を命じられました。

「モチベーションがガクンと下がりましたね」とＩさん。

転職を考えるも育児をしながらでは限界があります。一部上場企業を離れれば給料が大きく下がるリスクもあります。

そんな最中に再び二人目を妊娠したIさん。仕事の意欲は下降したままで、「やりがいあるとか、ないとか、もうどうでもいいや」と考え、育児に集中したと言います。休暇を経て再び復帰した際、ある女性上司の言葉により、転機が訪れました。

「ちょうど良かった。適任を探していたんだけど、まさにIさんにピッタリの仕事だから、ぜひやってもらえるかな」

そう言われて元の部署に復帰します。業務は以前やっていた残業がつきものの外回りではなく、内勤でした。

「外回りを効率的に行うための企業データベースの構築を、腰を落ちつけてやってくれる人を探していた、と言われました。そしてシステム回りからマニュアル作成まで全部お願いするわ、と自分にすべての統括を任せてくれたんです」

下降気味だったIさんのモチベーションはグッとアップします。

「今も私が作ったシステムが活躍しているんですよ。そんなやりがいのある仕事で、しかも時短で帰れる。本当にありがたかったです」

今も小さな壁にぶつかりつつも、頑張っているIさん。その時の上司の恩義に報いたいという思いがあるからだそうです。

今や育児休暇を経て職場復帰をすることは当たり前の時代となりました。しかし、女性たちが時間的制約のなかでも力を存分に発揮できているかというと、そのレベルには到達してはいません。そこにはまだ多数派である男性上司の、育児休暇明けの女性に対す〝遠慮〟も影響しています。

「母体や育児に支障がないように」と配慮してくれるのはいいのですが、単純に「早く帰れてラクな仕事がいいのだろう」という判断から、働きたいと考えている女性の意志をヨソに明らかに昇進から外れた閑職や補助的な業務に回したりするケースも多く見られます。かつてのIさんのように、いわば〝干された〟ような状態でくすぶっている育児中の女性は多くの企業に存在しているはずです。

そこで、出番となるのがあなたのような女性リーダーなのです。

同じ女性として、人の思いや胸の内を察することができるあなたならば育児中の女性の気持ちを汲み、負荷がかかり過ぎず、かつやる気を引き出せるような〝今しかできない仕事〟を振ってあげることができるはずです。

また、出産や育児に関する社内制度を、いかに現実に即した運用をしていくかも、これからの女性リーダーの手腕にかかっています。

例えば、育児休暇中であっても「1週間に1回出勤してもらう」「子ども連れのミーティングも許可する」など、〝育児か、仕事か〟の選択でなく、シームレスな形で仕事を継続してもらうようなスタイルもあり得るでしょう。

リモートワークが定着してきた今、家にいながらチームの一員として業務に貢献してもらうことも可能な時代となっています。

そして、あなたがもしこれから育児を経て仕事に復帰するならば、体調に気を付けながら、次に続く女性リーダーのモデルをぜひ目指してください。後輩女性たちが子育ても楽しみながら、リーダーをムリなく目指せるような環境をつくっていってほしいと思います。

［第4章］

# やりがいを見いだせなくなってしまったあなたへ

～「仕事へのモチベーション」を上げるためのヒント～

## 仕事って、いつも順調なわけではない

「人生ゲーム」というボードゲームをご存知でしょうか？　ルーレットを回して、その数字によって大金が転がり込んだり、逆に借金を負うことになったり、キャリアアップしたりと山あり谷ありの人生をバーチャルで楽しめるものです。日本では１９６８年に発売された歴史あるゲームですが、再び今、静かなブームを呼んでいるようです。

しかし、長く仕事中心の生活を続けてきて思うのは、まさに〝事実は小説より奇なり〟とでもいうべきでしょうか。本当の人生は、ボード上の架空の人生より、はるかにエキサイティングで、予想外のことが次々に起こるのです。

特にあなたも感じているように、自分の判断や考えだけでは決められない仕事に関しては、むしろ思うようにいかない時のほうが多かったように思います。

頑張って、頑張ってやっと目の前の仕事で結果を出したと思ったら、ゲームの「ふりだ

しに戻る」さながら、ゼロの状態からリスタートしなければならないケースも起こります。また、いくらもがいても、ゲームの「1回休み」のように次になかなか進めないようなこともあるでしょう。

「気持ちを切り替えてチャンスを待とう」「そんな時期もあるよね」というふうに思えるならばいいですが、繊細な一面をもつ女性は、一つの予想外の出来事や失敗で気分の浮き沈みも大きくなりがちです。

あなたも今まさに、低迷した状態から浮上するきっかけを見失い、今の仕事にやりがいを見いだせなくなってしまっている時かもしれません。

私も真っ暗なトンネルのなかで、懐中電灯のわずかな光を頼りに出口を探し、必死に一人で歩いていたような時代がありました。力尽きて、もうすべてを放り出したいような気持ちになったこともあります。

32歳で部長職に就き、順調に出世の階段を上ったようにも思われがちですが、まさに紆余曲折の連続を経て、今があるのです。

改めて私のジェットコースターのような会社員人生を振り返ってみましょう。

新規開拓の営業チームの部長に異動となった際、本気で「辞めたい」と思ったこと、男性部下が当初、口もきいてくれなかったことはすでに書いたとおりです。

しかも、チームとして新規開拓が思うようにいかない状況に、当初、私も含め営業マンたちは、毎週、全体会議で叱責の攻撃を受けることとなります。そこから浮上できたのは、「数字を上げよう」「上層部を見返そう」というゴールを共有することで、彼らの本気のスイッチが入ったことと、時代の潮目の変化が味方につけられたことでした。

私が注目したのが金融業界の自由化の流れでした。銀行や保険会社、証券会社の法的規制が緩和され、手数料の自由化や取扱業務の拡大などが進められた、いわゆる〝金融ビッグバン〟が起こったのです。

自由化の波に乗って、外資系の金融機関が日本に続々と上陸。そこで今は当たり前となったネット販売が浸透していき、コールセンターへのニーズが急速に高まり始めます。

そこにいち早く対応し、金融機関にプレゼンや営業活動を仕掛けたのです。結果は、大当たり。今まで鳴かず飛ばずだった契約が取れるようになり、売上拡大に貢献します。

男だとか女だとか関係なく、共通のゴールを掲げ、「数字を上げるんだ」という同じ思いを共有すれば、いいチームになれると実感できた体験でした。

「絶対にやりたくない」と思っていた仕事が、予想外の形で実り、リーダーとしての自信やチームとしての結束力、そして会社からの評価につながることもあるのです。

## 地味な仕事でも全力で取り組めば、必ず評価はついてくるもの

この時の経験は、取締役に就任した際にも、思わぬ形で活きることとなりました。

当時、私は45歳でした。年上の男性ばかりの役員陣のなかでいちばん若く、しかも紅一点。〝あうんの呼吸〟で進む役員会議についていけなかったり、空気を読めない発言をたしなめられたりと、右往左往をしながらも役員になって2期目を迎えました。ここで、またたセンセーショナルな出来事が起こります。

「2年目を迎えたのだから、藤田さんにもっと大きな仕事を任せよう」という意見から、全国の地方拠点の6支店を担当することになったのです。

負荷も責任も重い任務でしたが、「とにかくやってみます」と引き受けたあとに分かっ

たことがありました。実は地方の拠点はすべてヒドい赤字状態だったのです。
（ひょっとしたら、嫌がらせで赤字拠点を押し付けられたのかしら……）という疑念もよぎりました。しかも、そこでつけられたあだ名が〝貧乏の女王〟です。冗談にしても、あまり趣味のいいネーミングではありませんよね（笑）。

数字を丹念に洗い出しながら、最初は途方にくれました。しかし落ち込んでいても何も始まりません。「引き受けた仕事はしっかりやり切る」のが私のモットーです。

ここで営業部門での経験がよみがえったのです。
（とにかく数字を上げていくしかない。何か解決の糸口はあるはず。〝貧乏の女王〟から少しでも脱皮しなくては）という一心で、作戦を練りました。

そこで考えたのが、地方に本社がある企業に自分でダイレクトに営業しようというやり方でした。営業担当だけに任せず、自らが現場を回るいわゆる〝トップ営業〟です。今までにない異例のやり方でしたが、コールセンターの立ち上げや運営に関してのノウハウは誰よりもあるという自負はありました。加えて営業活動も、苦労を重ねて新規を獲得した経験が私の背中を押してくれたのです。

営業をかける業種業界については第三者の方にこんな助言を受けました。

「藤田さん、これからはエネルギー関連の会社がねらい目だよ」

あとで思えば、エネルギー自由化の時代が来る直前でした。そんなタイムリーなアドバイスを受けて各拠点の担当者と営業活動をスタートさせたのです。

とはいえ、どの地方拠点にも私自身は何のツテもありません。

時代に合わせたカスタマーサービスのあり方を提案し、いかにコールセンタービジネスへの理解を浸透させ、アプローチしていくか。そこで考えたのが、社内外のセミナー講師をやっていた経験を活かし、営業先で小さなセミナーを開くことでした。

「御社でカスタマーサービスに関するセミナーを開催させていただけませんか」

営業マンとともに各会社で必死にプレゼンを続け、一社から許可をいただきました。

「就業時間後に社員食堂の一角でやるぐらいならいいですよ」

多くの人にコールセンターの意義について知ってもらう一歩を踏み出したのです。

仕事終わりの時間に合わせて食堂で自分で机を動かし、椅子を並べ、簡易的な会場を設営しました。（どの程度の方が来てくれるんだろう？）と不安に思いながら待っていると、ぞろぞろと数十人の方々が集まってきました。当然男性ばかりです。

「あれが、女性の取締役かー」「へー、初めて見たよ」などと、内容とは関係ないようなささやきも耳に入ります。

（人寄せパンダじゃないんだから……）と少々、ミジメな気持ちにもなりました。

しかし、せっかくいただいたチャンスを無駄にするわけにはいきません。精一杯、力を尽くし、セミナーの内容もより充実させようと工夫していきました。

頑張れば必ず目をかけてくださる方がいるものです。各社でセミナー開催を続けるうちに、一社から「カスタマーサービスセンターの立ち上げ・運営をぜひお願いしたい」と契約をいただくことができました。

そこから二社目、三社目と各地で契約が取れるようになり、赤字だらけだった地方拠点の売上を3倍近くに押し上げることに成功します。

こうして私は晴れて〝貧乏の女王〟から脱出することができたのです。

私の凸凹なキャリアを駆け足で振り返りました。あなたは、どう感じたでしょうか。やりたくもない営業部のリーダーを任せられ、部下全員から無視された時。赤字だらけの地方拠点を任せられ、「貧乏の女王」とあだ名をつけられた時。会社の食堂や廊下の片隅で手づくりの小さなセミナーを開いていた時。

(出口はあるんだろうか)(こんなことやってて成果は出るのかな)という後ろ向きな気持ちがよぎることもたびたびありました。

しかし、暗い闇に放り込まれた経験があるからこそ、明るい平坦な道ばかり歩いている時には目に入らなかった〝一筋の光=チャンス〟に気づくこともあります。金融ビッグバンやエネルギー自由化の波にいち早く乗れたのも、「どうにかこの状況から、抜け出さなくては」と日々、必死に頭を回転させ、解決の糸口を探していたことが功を奏したのだと思います。

また、結果がなかなか出ずに足踏み状態にあっても、そこでもがきながら半歩でも足を進めていくなかで培った気力や蓄積が、次のステップで役立つこともあります。

私にとっては、それが営業の経験でした。独立してからも、足で稼いだ経験は貴重な〝財産〟となっています。

私の経験から見ても、仕事とはむしろ順調でないことのほうが多いものです。そして、真面目で仕事熱心なあなたがいくら頑張ったとしても、すぐに結果が出るとは限りません。もし結果を出せても、それが未来永劫続くわけでもありません。

酷なことをいうようですが、ある時、突然、美しい景色が広がり、平坦で快適な道が続いていくような〝おとぎの国〟はビジネスシーンには存在し得ないのです。

けれど、荒波に放り込まれても溺れないように必死に泳いで行けば、いつかは岸にたどりつくのです。私の会社人生もそんな繰り返しでした。

そして、たとえキツくても「走り続けねばならない」「チャレンジしなければならないハードルが山積み状態」という人生は決して悪くはありません。

あなたがハードルを一つ越えようとジャンプするたびに、必ずなんらかの成長の変化が訪れているはずです。次にもっと高いハードルが待ち構えていようと、それを越えられるプラスαの跳躍の力がつくのです。

もし、あなたがどん底の暗闇にいるのであれば、あるいは大海原で溺れそうになっているのであれば、もしくは大きな壁の前で立ち尽くしているのであれば、それは〝成長のチャンス〟が訪れている証拠でもあるのです。

また、私に金融ビッグバンの風が吹いたように、突如、追い風が吹いてくることもあります。変化の激しい今の時代は特にそうです。

「貧乏の女王」などと陰口を叩く人がいても、食堂の片隅で一人、細々とセミナーをやっている様子を見てくれていた人がいたように、手を抜かずに地道に頑張っていれば、そのさまをしっかりと評価してくれる人もいるのです。

だからこそ、あなたが日の目を見ないような地味な仕事を振られ、ガックリ落ち込んでいるとしても、決して「こんな仕事、やってらんないよ」などと片付けてほしくないのです。どんな仕事でも「どうやったらより良い結果につながるかな」と試行錯誤することが、思わぬ形で将来、活きてくることがあるのですから。

もっというならば、万一、結果を出せなかったとしても、〝結果を出そう〟と全力で挑んだ努力は決してムダにはなりません。必ず力はついているのです。

## 信頼関係を築くことで分かる「仕事の面白さ」

部長として新規営業チームを率い、取締役として地方行脚をした〝いばらの時代〟について触れてきました。

ここで、仕事で成果を出していくうえで、あなたにぜひ心にとどめておいていただきたい大切なことを伝えたいと思います。

それは、仕事は自分一人で回しているのではないということです。社内のメンバーはもちろんですが、顧客をはじめ社外の仕事に関わる人々の力があってこそ、いい仕事は成し遂げられるものなのです。

言うまでもないことですが、私がコールセンターという業界に長く身をおき、さまざまなプロジェクトに関わってこられたのは、決して私や社内のメンバーの力だけではありません。要所でアドバイスをしてくださる社外の方、そしてなによりコールセンターの運営に真剣に向き合ってくださるクライアントの方々の存在があって、今の私があるのです。

その経験を踏まえ、今の私の会社のメンバーにも、会社が大事にする〝志〟を、次のように伝えています。

「クライアントとの約束を厳守することを大前提に、依頼されている業務成果はさらに期待以上のものを出していこう」

コールセンターとは、クライアント企業の大事な顧客と電話を通じて接する、いわば会社の〝顔〟ともいえる大事な機能です。信頼関係のもと運営を委託されているからには、絶対にその信頼と期待を裏切るようなことがあってはならないのです。

業種業界は違っても、あなたにも、あなたの会社にとっても大切にしている顧客や取引先の方がいることでしょう。直接、顧客に相対しない業務に携わっているとしても、あなたが作った提案書や資料が信頼関係を大きく左右することもあるはずです。

もし、あなたがどうにもやる気が出ないというならば、自分の仕事がどのように顧客や社会とつながっているのか、先の先にまで想像力を働かせ、仕事に向き合ってみませんか。

より多くの人に喜ばれ、信頼され、感謝される、とはどういうことなのかを考えてみませんか。仕事の醍醐味や面白さを改めて見つめ直すことにつながっていくはずです。

私の経験をもう少しお話ししたいと思います。

取締役時代、私が地方拠点の売上拡大を達成できたのは、最初に契約をくださったある会社の担当の方のおかげでした。契約後、その方から連絡がありました。

「藤田さん、東京出張があるからランチを一緒にしませんか。ほかの地方のビジネス事情も知りたいので、各拠点の営業の方もぜひご一緒に」

そう言われて、各支店の営業マンも東京に呼び、ランチ会を開きました。食事をしながら会話を進めていくなかで、はっと気づきました。

「ビジネスの事情を知りたい」というのはその方の〝優しいウソ〟だったのです。

「営業マンを呼んでは」と言ってくださったのは、ほかの地方企業を攻めるうえで業界特有の事情や決済のルールなど、営業のコツを伝授してくださるためでした。

そんな様子もおくびにも出さずに、惜しみなく情報を公開してくださった担当の方には感謝してもしきれません。その時のレクチャーが後押しとなって営業マンも頑張り、ほかの地方拠点でも契約を取ることに成功したのです。

社内のほかのメンバーの反対を押し切って、契約してくださった担当者もいます。コールセンターの最終的な契約は、3～4社のコンペ（コンペティション）を経て決定されることになります。社内の投票で他社が圧倒的に票を取るなかで、一人、私の会社を強く推してくれたのが、私のセミナー開催の窓口をしてくださった営業部長でした。

「みんなは反対かもしれないが、セミナーの様子を見ていて、生涯かけてこの会社とともにやっていくと決めたんだ」

そう強い調子で語り、ほかの社員の方々を説得してくれたといいます。実は、この話は十数年後、当時、若手社員だった担当者と会うことがあり、食事をした際に明かされた事実でした。

「藤田さん、知ってる？　営業部長の大演説、すごかったんだから」

当のご本人の営業部長とは、その後、何度もコールセンターの運営に関して話をする機会がありました。しかし、いっさい、そんな経緯を語ることはありませんでした。〝旅芸人〟のように全国各地を巡る〝セミナー行脚〟では、時折、心が折れそうになることもありました。しかし、やるからには多くの方にカスタマーサービスの今後のあり方について考えていただくきっかけになれば、と精一杯自分の力を出すことに集中しました。もし「こんな仕事、恥ずかしい」とか、「今日は参加者が少ないからやりたくないな」などと手を抜くようなことがあれば、必ずや見透かされていたでしょう。

あなたのどんな小さな言動も、見る人は必ず見ています。「どんな小さな仕事や約束も決しておろそかにしてはならない。クライアントとの約束は絶対に守る」という私の今の信念につながっています。

ズキッと胸に刺さるようなお叱りを受けたこともあります。

別の会社で同じようにコンペでプレゼンをした際のことです。ここで私は重大なミスを犯し、ライバル会社に負けることとなりました。

「ごめんなさい。プレゼンで失敗しちゃった。私の責任です。本当にごめん！」

社内のメンバーに謝罪し、落ち込んでいた数日後、「再度、プレゼンをやってほしい」という幸運な申し出が舞い込みました。

実は、私自身、1回目のプレゼンでダメだった原因に思い当たる節がありました。そこで全面的に内容を修正した2回目のチャンスでは、過半数以上の票を集め、無事、契約にこぎつけることができたのです。

チャンスをくださったことに御礼を言おうと、責任者である役員の方の元に向かったところ、「ビールでも飲みに行こうか」という誘いを受けました。

ビールを注文し、一口、のどを潤した直後、厳しい表情になった彼から言われたのが、

「1回目、ダメ出しされた理由、分かる？　分かるよね？」

という言葉でした。

「はい、申し訳ありません」

私が1回目のプレゼンで犯したミスは「型どおりのプレゼン」をしたことでした。

「かっこつけたプレゼン」というべきかもしれません。

何度かプレゼンを重ねるなかで、絶対に忘れてはならない基本をおろそかにしてしまっていたのです。どこか慢心が生まれていたのかもしれません。

その方は続けて言いました。

「藤田さん発案の手づくりのセミナーを通じて、現場の社員といろいろとコミュニケーションを重ねて、カスタマーサービスのあり方を一生懸命考えてきたよね。その泥くさいプロセス、コミュニケーションから得た成果をコールセンター業務にどう活かしていくのか、その考えを聞きたかったんだよ。なのに大事なポイントをなぜ1回目のプレゼンで発表しなかったの？　今後、一緒に仕事をしていくうえで、そんな血の通っていない提案は絶対にしないでほしい」

穏やかな口調ながら、ビシリと指摘を受けたのです。

おっしゃるとおりでした。コールセンターはクライアントとの信頼関係から育てていくものです。その大事な根幹、基本に改めて気づく機会を与えてくださったのです。

落ち込んでいるあなたの、もう少し胸の内を聞かせてください。先ほど、自分の仕事が社会にどうつながっているのか想像力を働かせてみませんか、と提言しました。

というのも、仕事に向かう際の目線や思考回路が会社の内側、あるいは目の前の仕事だけに向き、視野が狭くなってはいないでしょうか。真面目に仕事に打ち込むことは大事ですが、少しだけ視点を変えてみませんか。

日々の業務においては、会社としての指示系統に沿って成果を出し、評価を得ることは重要なプロセスです。ただ、あなたがすでに気づいているように、仕事のゴールは上司に褒められたり、昇進したりすることではなく別にあるはずです。

以前、さまざまな企業で働く女性リーダーに集まってもらい、「モヤモヤしたり、壁にぶつかったりした時、どうやって『また頑張ろう』と気持ちを盛り返しているの？」と聞いたことがあります。そこで最も多く挙がったのが、顧客やチーム、取引先からの「ありがとう」という言葉を励みにしているという次のような意見でした。

「どんなに社内でイヤなことがあっても、お客さまに『ありがとう』と言われると、その言葉一つだけで力がみなぎり、その次の日も頑張れるんです」

「取引先に何をしたら喜んでもらえるんだろう。そう考えることで仕事へのモチベーションを維持しています」

人一倍思いやりがあり、仕事に対しての意欲もあるあなたなら、顧客や取引先が求めていることに寄り添い、行間に込められた思いさえもしっかり汲み取る力をもっているはずです。そして期待に応えて成果を上げるために頑張る強い意志も胸に宿しているはずです。だからこそ、時には社内から社外に目を向けていってほしいのです。

私が四面楚歌の状態から、地方を回り、力強い味方を得て自信を取り戻していったように、動いてみればどこかに突破口はあるはずです。同じ会社の人でなくとも、時に厳しく優しく、あなたの背中を押してくれる人生の先輩がいるはずです。

迷った時には「クライアントの話を聞く」。

これが私の信条です。そして上司より誰よりも、クライアントからの評価が、私が仕事を続けるうえでの〝栄養剤〟となっています。

そして仕事ではギブアンドテイクの精神をもつことも大事です。助けてもらったら、必ずいい仕事で恩返しをすること。約束を守ること。期待以上の成果で報いること。それが支えてくれた人との強い絆となり、またあなたが迷った時の〝道しるべ〟となるはずです。

## 管理職への挑戦、異動・転職、独立……自分のスキルを活かせる場所はたくさんある

自分の仕事が社会でどのような形で役立っているのか。そもそも何のために、誰のために仕事をしているのかを考えてみる。そんな思考の転換法についてご紹介しました。

それでもあなたが、「やっぱり今の仕事にやる気を見いだせない」と考える場合でも、さまざまな選択肢があります。

女性の部下たちを見ていると、真面目な女性ほど仕事において変化や刺激より、どちらかといえば現状維持、安定・安心を求める傾向が見られます。こうした慎重さや細やかさは「ミスをしない」「ズルをせずルールに従う」「ほかのメンバーに迷惑をかけず、チームワークを大事にする」といった面ではポジティブに働きます。

その一方で新しいチャレンジには「失敗したくない」という気持ちから尻込みしてしまうような傾向も見られます。

しかし、人間の成長は、毎日、同じ作業の繰り返しからは生まれません。

スポーツのトレーニングを例に挙げてみましょう。アスリートたちはいい記録を目指し、日々、厳しいトレーニングを重ねています。そのために、最新の科学を取り入れ、練習法も工夫をこらしているはずです。少しずつ負荷を上げ、自分の今の限界を超えるための練習をこなしてこそ、記録の更新やすばらしい演技につながるのだと思います。

仕事も同じです。だからこそ、前にも触れたように新たなチャレンジとして管理職のオファー、異動の辞令が来たら、頭ごなしに「NO」という返事をしていただきたくないのです。私がそうであったように、意に沿わない異動でイヤイヤ引き受けた仕事から違う風景が見えてくることもあります。思わぬ才能を開花することにつながる場合もあるのです。

自分のスキルがどの程度のものなのか。意外に自分のことは自分が分かっているようで、実はいちばん分かっていない、ということも大いにあります。

そのために会社という器、そして上司の存在があります。

スポーツでも選手やチームが、監督、トレーナー、コーチなどの交替によって、みちがえるような成果を出すことがあります。同じように直属の上司や部署といった職場環境が変わることで、仕事のパフォーマンスがグッと上がることもあり得るのです。

私がともに長く働いた女性部下Ｊさんのケースをご紹介しましょう。

契約社員として入社し、途中で試験を受け総合職になった彼女は、非常に真面目でクライアントに対する思いも人一倍ある頑張り屋さんでした。新規事業として、ある金融機関のコールセンター業務の担当者として奔走していたのですが赤字が続いていました。

彼女に非があったわけではありません。しかし、会社として赤字状態を放っておくわけにはいかない、と事業そのものを打ち切る議案が役員会で上がることとなります。

しかし、私には「この事業はやり方次第で立て直せる」というカンにも似た思いがありました。また、Ｊさんの日頃の頑張り具合を見ていて、「担当を外されることで、もしモチベーションを失ってしまったとしたら、もったいない」と考えたのです。

「この事業とＪさんを私に預からせていただけないでしょうか」と会議で訴え、私が責任者となり、彼女を担当者に事業の立て直しに取り組むことにしたのです。

まず早急に着手しなければならない課題がコストダウンでした。

首都圏にあったコールセンターから地方のセンターに場所を移すことでコストを削減し、ともに「ああでもない、こうでもない」と収支の見直しを実践。ビジネスモデルを再構築し、Ｊさんは提案書を社長の元に提出します。

しかし、練りに練ったつもりのプランも「この数字じゃダメ」「この見込みは甘い」などとコテンパンにやられて私の元にしょんぼりして帰ってくる日々が続きます。

そんな彼女を「どうだった？」と迎え、「じゃあ、この計画を見直してみよう」と何回も修正をかけ、トライし続けました。

しまいには社長に「しつこい！」と怒られながらも、二人三脚で難関を突破。結果的にこの事業再生は成功を収めたのです。

決して最後まで諦めなかったＪさん。「今、振り返ると藤田さんと必死になって取り組んだあの日々、本当に楽しかったです」と笑顔で語ります。

そこで次のステージへのスイッチが入ったのでしょう。その後、課長クラスの役職に昇進するに至りました。

一つの部署やプロジェクトでうまくいっていないメンバーが、配置換えによって思いがけなく〝生き返る〟ケースは決して珍しいことではありません。それがいろんな部署や業務が用意されている会社という器の大きさでもあります。

だからこそ、あなたがもし、一つの仕事でうまくいかなかったからといって、すぐに「辞めよう」とか「私は仕事に向いていないんだ」などと思ってほしくはないのです。やる気を失わず、諦めずに取り組んでいれば、新しいステージが開けることがあるのです。

ただし、単に頑張ればいいというわけではありません。時に女性の部下を見ていると、愚直に業務に取り組んでいるようで、頑張り方の方向性が間違っていることもあれば、せっかくの頑張りを上手にアピールできていない場合もあります。

あなたが「やる気が出ない」「やりがいが見えなくなってしまった」と感じているのは、ひょっとしたら頑張りが空回りし、頑張ることに疲れてしまっているからもしれません。「今の状況からどうやって抜け出したらいいか分からない」と感じるなら、一人でウツウツと悩むのはオススメしません。ぜひ第三者の助言を求めましょう。直属の上司に相談しにくいようであれば、メンターや他部署の信頼できる先輩に話を聞いてもらうのもいいのではないでしょうか。

もちろん、どうしても「この会社にはこれ以上いられない」「上司との関係も割り切れない。耐えられない！」というケースもあるでしょう。その場合は、メンタルが修復できないほどに傷つく前に、新たなステップを考えるというアドバイスもしたいと思います。

恋愛や結婚相手でいえば、男性は目の前の一人だけではありません。探せばもっといい人は世の中に数多くいます。

同様に会社も今の会社がベストとは限りません。新たな選択肢を摸索し「ここになにがなんでもしがみつかなくても、転職しようと思えばできるんだ」と考えることができれば、心の余裕にもつながります。肩の力を抜くことで、気持ちが落ちついて、フラットに今の仕事に向き合えるようになるケースもあると思います。

無論、今の会社を飛び出すのはきちんと自分の市場価値を見極め、自信をつけてからです。その考え方については、あとにお話しします。

また、異動や転職だけに限らず、「会社の看板に頼らず生きていく」と腹が決まれば、独立の道も選択肢の一つとなります。

転職よりもハードルは上がります。「これぐらいの売上は見込めるかな」と皮算用をしても、やってみたら計画どおりには行かないというのが大半です。私も思わぬハードルに阻まれ「会社を畳むしかないかも」と考えたこともありました。

それでも、あなたが〝安泰よりチャレンジし続ける道〟を選びたいと思うならば、一度きりの人生なのですから、思い切って行動に移すのもいいでしょう。私も応援します。

ただし、しっかりとした準備は欠かせません。参考として私がなぜ会社役員の椅子を捨て、独立の道を選んだのか。その経緯と考え方について少しご紹介しましょう。


私が役員の任期満了から続投を辞退し、会社を去る決意をしたのは52歳のときでした。

この先、10年間ぐらいをどう過ごすかを考えた時、１００%とはいえなくとも役員というポジションは保証されるかもしれないという想定はありました。しかし、そのまま役員という仕事を続けることに、魅力を感じていない自分に気づいたのです。

かつては、知名度の高い安定した会社に入り、昇進し、定年まで無事に長く勤め上げることが美徳とされていた時代がありました。しかし、定年退職を迎えることがご褒美だったのは、経済が右肩上がりで終身雇用やリタイア後の生活も保証されていた時代の〝化石〟のような価値観です。

また、役員の仕事というのは、基本、現場を離れた「承認作業」が主な役割となります。こうした仕事を続けるなかで、私が強みとしてきた現場のスキルを忘れつつあることに対しても危機意識がありました。

このまま役員定年を迎えて世の中に放り出されても、「私はなんにもできなくなっているんじゃないか」と思ったのです。

仕事に対する価値観は人それぞれですが、仕事は「会社に所属し勤め上げる」ことではなく、何かを生み出したり、新しい〝価値〟をつくりだしたりすることにこそ醍醐味があると私は考えています。クライアントとともにさまざまなプロジェクトを生み出してきた身として、そのリアルな思いが年々、薄れてきていることにも、将来、必ず後悔するだろうと考えたのです。

ならば、リスクがあっても自分の人生として「世の中で自信をもって、これからも頑張れる、生きていける道を選びたい」。パート・アルバイトからコールセンターの仕事を始めた時のような、ある意味、原点回帰のような気持ちで決意したのです。

また、逆説的な話のようですが、独立という道を選んで改めて気づいたのは会社という存在の大きさでした。役員というポジションでさまざまな経験を積むことができたからこそ、この道を選択することができたのです。

役員時代に経営に関わる数字に対する経験値を身に付けられたこと、全国のたくさんの企業に営業ができたのも、会社の看板があったからこそです。この時の経験を通じて培った人間関係は何にも代え難い財産になっています。

辞める結論を出した際には、多くの人から「せっかく役員までなったのにもったいない」という声もいただきました。しかし、会社員時代に得た経験値や知見、マネジメントスキルを自分の看板でクライアントのため、社会のために活かせるのは、私にとってこのうえなくワクワクとする人生のプロジェクトなのです。

その観点から、先行きが見えなくなっているあなたに伝えたいのは、この先、転職、独立、今の会社で定年まで働くという、どの道を選んでもしっかり自分のスキルを活かせるよう、今いる場所でなるべく多くの経験を積んでおかない手はないということです。

会社という組織は、すべての社員が希望どおりに働ける場とは限りませんが、育児や介護といったライフイベントに合わせて、さまざまな働き方の選択肢が用意されています。また、能力を磨きたいと考えるならばトレーニングや研修などのサポートも多くそろっています。独立したら、自分が動かなければ物事は進みませんし、資金もすべて自分で負担しなければなりません。

実はあなたが属している会社は予想外に恵まれた環境が用意されているのです。いろいろ不満はあっても、会社という組織はそう悪いことばかりではありません。

実力をつけ、いろんな生き方の選択肢を増やすうえでも、今いる会社という器を上手に使い、戦略的にキャリアアップを図っていくというのも大事な考え方だと思います。

賢いあなたならば、きっと今いる場所できれいな大輪の花を咲かせたうえで、自分に合った〝場所〟を選択できると信じています。

## 「何をしてきたか」より「何ができるか」。〝棚卸し〟でやる気を奮い起こす

たとえ転職や独立を考えていなくとも、あなたの仕事へのやる気と自信を奮い起こすために、ぜひ定期的にやっていただきたいことをここでご紹介したいと思います。

キャリアの「棚卸し」です。

私が独立を考えた際、最悪の場合を想定し取り組んだのが、この「棚卸し」作業でした。会社や事業を立ち上げることは誰でもできますが、難しいのは続けていくことです。

中小企業庁のデータによると、独立から1年後に約3割の会社・個人事業主が廃業するという試算もあり、3～5年間では約半数の会社が消えていくといわれています。そのリスクを最小限にするためにも独立するならば最悪の事態を考えた備えが大事です。

もし会社をつぶしてしまったらどうするか。その選択肢として転職も視野に入れ、私は何がアピールポイントとなるのか。前職で採用の仕事をやっていた経験を思い出しながら、採用側に立った視点で考えてみました。

一般的に提出する履歴書や職務経歴書には、今まで所属してきた会社、部署や仕事、役

職について記述します。私ならば、最後は「取締役専務執行役員就任」という記述になります。ならば、それが採用の決め手となるでしょうか。

答えは否です。会社によっても異なるでしょうが、おそらく役員だったからという理由で採用することはないでしょう。むしろ即戦力を求めるならば、「役員で現場の仕事を離れていたなら使えないのでは」と判断される可能性もあります。


では、採用側は何を重視するのでしょうか。私が出した結論は「過去に何をしてきたか」ではなく「今、何ができるのか」「どんな業務で貢献できるのか」なのではないかということでした。

そこで、作成したのが「できることリスト」です。改めてノートに「今、自分に何ができるのか」を一つひとつ書き出していったのです。

・コールセンターのオペレーションの立ち上げができる
・営業企画の提案ができる
・提案書やプレゼン資料を作成できる

・企業が求める期待値の数値化ができる
・業務の進捗管理の設計ができる
・コールセンターの運用設計ができる、などなど。

書き出していくと、「そうか、こんなこともできるな」「あの時、これもできるようになったんだ」と徐々に記憶がよみがえってきました。すると、漠然とした不安に支配されていた状態から、少しずつ自信が生まれてきたのです。

一方で、役員になってからは提案書や資料作成などはチェックする側で部下に任せていました。「こうした現場の作業については、独立に向けて早々にブラッシュアップして感覚を取り戻さないといけないな」という新たな課題も見えてきました。

今、「やれること」「やるべき課題」が見える化されたことが、行動を起こすパワーになったのです。

あなたも、就職や転職に際し、キャリアの棚卸しをした経験があるかもしれません。

「○年　○○部に配属」「△年　□□に就任」といった年表形式に書くのが一般的ですが、

履歴書や職務経歴書に書く際はそれで良くても、自分が発揮できる力を正確に把握するならば、リアルに今の〝価値〟を把握することが大事です。

また、変化のスピードが加速化していく時代にあっては、自分がもっているスキルはすでに時代遅れになっている可能性もあります。時代の変化にキャッチアップしていくうえでも、未来志向で自分の力がどの程度通用するのか冷静に見つめることが大事なのです。

「できることリスト」はノートではなく、スマートフォンのメモ機能などに書いて更新していくのもいいでしょう。そして、この棚卸し作業は、転職や独立にかかわらず、ぜひ1年に1回程度、定期的に行ってほしいと思います。

日々の仕事をこなすだけでは、あなたが今そうであるように、自分の成長を感じることもできないまま、やる気を見失ってしまうこともあるでしょう。

その観点からも、自分が「今、できること」を書き出して〝見える化〟することが大事なのです。

新人時代から比較して、「○○もできる」「△△もクリアしている」と思い出していけば成長を実感でき、自信にもつながります。

また、自分の弱点に気づくきっかけにもなります。「もっとここを頑張ろう」という改善に向けてのモチベーションも高まるのではないでしょうか。

世に多くある転職サポートビジネスのなかには、ウェブサイトなどで自分の市場価値を調べることができるようなサービスもあるといいます。

行き詰まったら、気分転換も兼ねてそういった新しいサービスに登録し、自分の価値を客観的に試算してみるのもいいでしょう。

とかく、女性は「自分がどう思うか」「自分が何をしたいか」という主観性を重視するあまり、客観的に自分を見る目を失いがちです。それでは調子良くいっているときはいいですが、何かにつまずくと心の不安と不満ばかりに囚われてしまいかねません。

第三者の目から見た自分の価値を把握し、これなら「転職したくなったらいつでも辞められる」と思えれば心の余裕も生まれます。「これでは転職はまだムリだ」と気づけば、何が足りないのかを考え、今の仕事でも取り組むべき課題が見えてくるはずです。

行き詰まってしまうと、つい「どこかに〝幸せの青い鳥〟はいないかな」と探してしまいがちですが、まずは自分を冷静に見つめる作業から始めましょう。

## 目の前の課題を一つひとつクリアすれば進むべき道が見えてくる

「働き方について考えましょう」とか「キャリアアップを目指そう」となると、「きちんとしたキャリアプランや目標を立てないといけないのでは？」「子どもをもったら、家庭と仕事の両立についてどうするかをしっかり考えなければ」などと構えてしまう女性も多いようです。

男性と違って、一般的に女性が働くとなると、ライフイベントが仕事のスタイルにも大きく影響しがちです。そのため、きちんと計画性をもって臨まなければと考えてしまうのでしょう。

ズバリ申し上げましょう。大丈夫です。そんな立派な目的・目標がなくてもいいのです。

そもそも男性がしっかりと計画性をもって仕事に臨んでいるかというと、独立志向の人は別として、ごく少数派ではないでしょうか。

女性が結婚・出産でキャリアが大きく変わるといわれても、それこそ計画どおりにはいきません。

「早めに出産して、若いうちに復帰して30代にはリーダーを目指す」、あるいは「30代半ばぐらいまでは仕事に集中して、その後は妊活に励もう」などと考えていても、命を授かるかは神のみぞ知ることです。保育園に入園できるかどうかも含め、思いどおりにならないことのほうが多いのではないでしょうか。

真面目に計画を立てたばかりに、そのとおりにいかないと「昇進のチャンスを逃してしまった」「出産リミットがギリギリだけど、今、休んだら元の部署に戻れないかも」などと余計な不安やストレスを抱えてしまうことにもなりかねません。

また、あなたが「全力投球でなんでもやります」「全身全霊頑張ります」などと口にしているような頑張り屋だとしても、いつもそんなに前向きでいられるわけではないでしょう。私もそうでした。

コールセンターを統括する部長として駆けずり回っていた時も、楽しいとかやりがいがどうこうなどと考える余裕はありませんでした。(与えられた仕事はやり遂げなければ)

という〝責任感の塊〟だけで日々、仕事に向かっていたようなものです。

その時は「私、何のために働いているんだろう」とモヤモヤすることもありましたが、「義務や責任感でこなす」のも立派な仕事への向き合い方です。

そして、これは私の持論ですが、仕事の「やりがい」とは得てして「やりたい」ことより「与えられた仕事」から生まれるものではないでしょうか。

私がコールセンターの仕事をスタートさせたのも「食べるため」でした。

つまり、「やりたい！」と意気込んで始めた仕事ではなかったのです。しかし、だからこそ自分の好き・嫌いの感情はさておき「目の前の仕事をやり切る」ことに集中できたのでは、と思います。そして、「クライアントとの約束は守る」というプロに徹し、仕事に対する責任感も培われたのではと思い返すのです。

あなたが、未来に向けての目標も描けないまま、「自分は今の仕事に本当に合ってるのかな」と思ったとしても、そんなことは正直な所、気にするポイントではないのです。

今、企業でバリバリと活躍しているような女性リーダーたちに、「仕事に対するモチベーションをどう維持しているのか」を聞くと、数人から意外な答えが返ってきました。

「私、離婚しているんです。だから私がしっかりとお給料を稼いで、子どもをちゃんと学校に行かせないといけない。だから働く一番の目的はお金です。必要に迫られて仕事をしているんです。でも子どものことが大事だから、そのためにも会社に儲かってもらわないといけない。だからこそ手は抜けない。一生懸命働かないといけないと思っています」

　別のリーダーは、自分の部下に次のように語っているといいます。

「『仕事をしていたらイヤなことは絶対あるよ。だって、その労働の対価としてお金をもらっているのだから。でも、たかが仕事、されど仕事。ありがとうと言ってもらえるように、イヤなことがあっても、きちんと気持ちを切り替えて働こう』と。そう自分にも言い聞かせています」

　冷静にこんなふうに語ってくれた女性リーダーもいました。

「1年ごとでもいい、去年より今年はもっといい仕事をしよう。その繰り返しで30年、働き続けているように思います」

　どうでしょうか。少し安心したのではないでしょうか。

誰もが皆、明確な人生設計や輝かしいキャリアプランをもっているわけではないのです。私もそうでした。一足飛びに成長を目指すのではなく、一つひとつやり切ったところで次の景色が見えてくる。これが私が思う、そして私が実際に経験してきた自分らしさを重視したキャリアの積み重ね方です。

あなたの会社にいる女性管理職がスーパーウーマンのようなバリキャリ女性だったとしても、「私にはああはなれない」とあなたが尻込みする必要はないのです。

キャリアの積み方は人それぞれです。そして高いゴールを掲げて肩肘張らずとも、与えられた任務、役割に愚直に身を投じて、コツコツとキャリアを積み重ねていくやり方こそが、誰もが「無理なく自分らしくやってみよう」と思えるキャリアアップのスタイルではないかと思うのです。

一つひとつ、目の前の課題をクリアしていくなかで、自分が進むべき道が見えてくる。その先にあなたが確立すべきキャリアのあり方、リーダー像が必ず見えてくるはずです。

ひたむきに仕事に向き合い、トラブルも乗り越えてきた経験をもつあなたなら大丈夫です。一歩一歩、自分らしい働き方、リーダーシップのスタイルを確立していきましょう。

［第5章］

# あなたをもっと輝かせるキャリアを築くために

## 私が仕事を続けてこられた理由

「お袋って、何歳まで仕事するの？」

息子からそう尋ねられたことがあります。

とっさに出た言葉が「死ぬまでよ」でした。

「そう、デヴィ夫人と同じよ（笑）」

「へー、しぶといなあ（笑）」と息子。

小さかった彼も今では社会人。「お袋を絶対超える！」が口癖ですが、まだまだ息子には負けられません。

さて、あなたはいつまで仕事を続けたいと考えていますか。本来、仕事好きなあなたのことですから、できるだけ長く働きたいと考えているはずです。けれど、「一生、今の仕事で頑張れるのかなあ」という迷いがよぎることも多々あるのではないでしょうか。

一緒に仕事をしている後輩女性からも、以前、質問されたことがありました。

「藤田さん、一つ聞いていいですか。どうしてこれまで仕事を続けてこられたんですか？」

シンプルなようで意外に難しい問題です。逆に問いかけてみました。

「どうしてそんなことを聞きたいと思ったの？」

「今の会社は育児休暇や時短勤務の制度が整備されていて、育児では母にも手伝ってもらえるので恵まれた環境にあると思います。でも、それだけでは仕事へのモチベーションにつながらないんですよね。ぜいたくな悩みだと分かってはいますが……」

彼女の問いをきっかけに、つらつらと考えてみました。

確かにイヤなことも、心身ともにヘトヘトになったこともたくさんありました。この本にもその一部をご紹介しました。

けれど、やっぱり仕事ほど楽しいものはないと思うのです。ツライことがあっても続けてこられたのも一言でいえば「楽しかったから」です。「趣味は？」と聞かれても、仕事以外に思いつくものがないぐらい、仕事が好きなんです。

「今の私には、仕事が楽しい！と胸を張って言える心の余裕はないかも……」

あなたがもし、仕事で壁にぶつかっているとしたならば、私の言葉に逆に落ち込んでしまうかもしれません。でも、もし今、気持ちがふさいでいるとしても、仕事に一心に取り組んできたあなたならば、その楽しさ、醍醐味も存分に味わってきているはずです。

その途中ではトラブルもあったでしょう。でも、そこを乗り越えて「やった！」という感覚が1回あれば100回分ぐらいの苦労は忘れられる、と私は常々感じています。

また、成果を出すことで会社の売上も規模も拡大すれば、自分の収入も増えていきます。

いくら力の限り頑張っても、恋愛や結婚はうまくいかないこともありますが、たいてい、仕事はあなたを裏切りません。自分のやったことが数字に正直に表れ〝報われる〟ことも、仕事のあるべき良さだと思います。

## 私が仕事をするうえで大事にしている「パッション」とは？

ここで、あなたに参考にしていただきたい視点として、私が仕事をするうえで大事にしている言葉をご紹介したいと思います。「パッション」です。

一般的な日本語訳では情熱とか激情といった意味ですが、藤田流の日本語訳でいちばん近い言葉は「興味関心」です。仕事上で「興味関心」というと、「面白いものに飛びつく」「好きなことをやる」というイメージをもつかもしれません。

私の解釈は少し違います。英語で言うならば「Interesting（インタレスティング）」。仕事の内容、あるいは一緒に仕事をする人に対して感じる知的好奇心に近い概念です。

先に挙げた仕事を続ける理由の「楽しい」も、この「パッション」に通じるものです。

私が大事にする「パッション」には二つの方向性があります。

一つは「この仕事をどうしてもやりたい」「やらねばならない」という使命感にも似た強い興味関心です。

例えば、今、私が取り組んでいるのがコールセンター業務のリモートオペレーション化です。長く従事してきたコールセンターのビジネスも、新型コロナウイルス感染症の拡大、そして今後の〝ｗｉｔｈコロナの時代〟を見据え、リモート化への新たなビジネスモデルの構築が求められています。

これはセンターで働く女性たちに安心して長く勤務してもらううえでも、私にとって人生をかけても達成すべき心が震えるような事業、ライフワークです。まさにパッションに突き動かされるような気持ちで、取り組みを進めています。

二つ目は、与えられた仕事、目の前の仕事に「パッションを見いだす」という方向性です。

あなたが感じているように、会社での仕事は、心が躍るような業務ばかりではありません。むしろ世の中の多くの仕事は地味で日の当たらない作業で成り立っているのが実情だと思います。

しかし、人一倍、「イヤだ」「やりたくない」と思っていた仕事に取り組んできた私の経験上、興味関心をもっていなかった仕事ほど、今まで知らなかった分、やってみると奥が深いのです。

「難しい課題だけれど、このやり方でやればうまくいくかもしれない」

「こんなサービスを実現すれば、きっとクライアントが喜んでくれるに違いない」

そんなふうに想像力を働かせ、試行錯誤をしていくと、興味関心はあとからついてくるのです。

自分で「パッションを見いだす」と、俄然、仕事は面白くなります。そして、どんなつまらなく見える仕事にもパッションは見いだせるものです。あなたがもし、意に沿わない作業に携わっているとしても、そこには新しい発見が必ずあります。

単純な資料作成一つとっても、ひと手間かけて工夫してみませんか。「分かりやすいね」とお客さま、取引先が喜んだり、チームのスムーズな連携につながったりすれば、今まで気づけなかった仕事の醍醐味、面白さにつながるのではないでしょうか。

また、仕事は規模が大きくなるほど、一人ではなく価値観が違うメンバーで挑む共同作業が伴います。当然、自分が思うようにいかないストレスもつきまといますが、見方を変えて、ピンチもチャンスも含めて、予想外の展開が待っていると考えれば、挑みがいがあるというものです。

どんな仕事にもこれ、という正解はありません。そしてやる人によっても時代によっても、仕事のあり方は変わってきます。だからこそ、「こんなもんでしょ」と手を抜くことなく、パッションをどんどん見いだし、バカ真面目にやるほど仕事は面白くなるものだと思います。

私もこれからやるべきことは山積みです。私でさえそうなのですから、あなたはまだ見ていない景色がいっぱいあるはずです。ぜひ一緒にデヴィ夫人を目指しませんか（笑）。

## 「女性だからこそできること」もある

「仕事は好きだし、続けたい。でも、頑張って働いていって男性中心の企業文化って、変わっていくのかな……私たち女性が自分らしく働きやすくなる日が来るのかな？」

「仕事の楽しさを見いだして、長く働こう」と思いつつも、一方であなたはこれからの世の中に純粋な疑問と不安を抱いているかもしれません。

第1章でも触れたように、日本はいまだ世界でも有数の男女格差が大きい国です。あなたが、つい悲観的な思いを抱いてしまってもムリはないかもしれません。

女性登用を進める制度や法律ができても、それを運用する側の人間が変わらなければ意味はありません。あなたを取り巻く環境を見回しても、女性がのびのび働けるようになるには一朝一夕とはいかないかもしれません。

けれど、少しずつではありますが、世の中は変化しつつあります。肌感覚ではありますが、私は前向きな変化を感じています。

まず社会的な背景について触れるなら、昔ながらの終身雇用制度が崩壊し、長期的に見れば人口がどんどん減っているこの国で、労働力が不足していくのは明らかな事実です。政策に掲げられているように、女性や退職したシニアの方々、そして外国の方も含め多様な人材に活躍してもらわないと国は立ち行かなくなります。

多様な人材が増えていけば、男性たちがつくり上げてきた「あうんの呼吸」「以心伝心」「暗黙知」といった旧来のコミュニケーションのスタイルやルールも変えていかねばなりません。性差も国籍も越え、誰でも分かる丁寧なコミュニケーションが必要な時代が来ているのです。

そこで求められるのが、旧来のルールに染まっていないあなたのような女性リーダーの存在です。出産や育児といったライフイベントを経て、キャリアを諦めるのではなく、リーダー職として頑張り続ける女性が増えれば、少数派から脱し、女性が働きやすい環境も整備されていくはずです。

上に立つ人間、リーダー層が変わっていけば旧来の企業のあり方も変わっていくでしょう。相乗効果として、ライフイベントも仕事も楽しめる等身大の女性リーダーが自然と増えていくのではないかと思うのです。

そして、当たり前に女性の管理職も増えていけば、女性だから、男性だから、という性差を超え、成果に対して同じ方向を向いて仕事をしていこうという大前提のもと、コミュニケーションのあり方も変わっていくでしょう。

そもそもコミュニケーション（Communication）の語源はラテン語のコムニカチオ（Communicatio）にあるといわれています。

コムニカチオの意味は「分かち合うこと、共有すること」。

一般的にコミュニケーションというと「自分の考えや思いを伝える」「会話を交わす」という意味でとらえがちですが、それだけでは一方通行のやりとりになりかねません。

そうではなく、相手の考えや思いにお互いに耳を傾け、共有し合ってこそ、本当のコミュニケーションが成立するのです。

上司の指示に対して部下は「余計なことを言うな！」ではなく、リーダーは部下の疑問や不安にもしっかり耳を傾け、情報を積極的に共有する。「結果だけ報告すればいいから」といった指示ではなく、メンバーの途中の頑張りやプロセスにも心を砕く。部下を褒める時も「よくやった！」といったワンフレーズだけでなく、気持ちに寄り沿い「ここが良かった」「みんなが喜んでいたよ」といった言葉を添える。

日本の企業でまだ根強い一方的なトップダウンのやりとりから、こうした本来の意味のコミュニケーションが主流になっていくのではないかと、私は考えています。

丁寧なコミュニケーションは時間や手間といった〝コスト〟がかかるようで、こまめな情報共有により「あとからこんなはずではなかった」というリスクを減らすことにもつながります。私が今、男性部下に対して、うるさく「あれ、どうなった？」と進捗をせっつくのはそのためです。実は面倒なようで、最終的な成果を出すうえでも効率的なやり方なのです。

また、これまでの「男性だけ、日本人だけ」といういわゆるモノカルチャーの組織は、居心地は良かったのかもしれません。しかし、同じような価値観の人間ばかりが集まっても、そこからは今までにないアイデアやイノベーションは生まれません。異質な考え方をもつ人々が、時には対立することもいとわず議論を交わしてこそ、斬新なアイデアも生まれるものだと思います。

これからも、あなたは組織や上司に対して違和感を覚えることもあるでしょう。けれどそれは決してネガティブな現象ということだけではないのです。

新しい風土をつくりだす時には〝痛み〟も伴います。小さな価値観の違いや対立も恐れず仕事に向き合っていけば、きっとそこから新しい価値や世界を生み出すことにもつながるのではないでしょうか。

## 身につけてほしい「数字力」「プレゼン力」、そして「自責力」

これからあなたがリーダーとして、一歩上を目指していくための〝武器〟として、女性が苦手としがちな〝3つのマネジメントスキル〟についてお話ししたいと思います。

業務上のスキルとマネジメントスキルは、実は大きく異なります。スポーツなどで優秀なプレイヤーがいい監督やコーチになれるかというと、そうとも言い切れないように、ビジネスでも上に立つならば、しっかりとしたマネジメントの力をつける必要があるのです。

一つが「数字力」です。

「数字って私、苦手なんです」という女性は多いようです。かつては私もそうでした。マネジメントで数字力が重要とされるのには、大きく二つの意味合いがあります。

その一つがコミュニケーションツールとしての数字力です。

これまでもお話ししてきたように、男性と女性という違いだけでなく、価値観が異なる人々が集う組織では、同じ日本語を話していても意思疎通がうまくいかない〝コミュニケーションギャップ〟が頻繁に起こり得ます。

そんな多様性に富むチームをまとめるには、みんなに通じる共通言語で話すことが大事です。それが「数字」なのです。

リーダーとして大事なのは、まずは最終的な売上などのゴールを掲げること。途中で達成すべき契約数や来店客数などの指標も共有することが大事です。そのうえで進捗を確認する際も、「今、どこまで達成できているのか」「遅れているならば何が原因なのか」、あくまでも数字と事実で会話をするのがポイントです。

個々のメンバーと話をする際には、時に気持ちに寄り添い、途中の頑張り具合といった定性的なプロセスに目を配ることも必要ですが、チーム全体を動かす際には数字重視で臨むべきです。

二つ目の数字力としては、経営・業績に直結する数字の読解力が挙げられます。

管理職となり経営に携わる立場になれば「数字が分かる」だけでなく、より深く「数字の裏側・背景を読み込む」力が必要となります。

「なぜこの支店の売上は今月下がったのか」、逆に「別の支店はなぜ売上が上がったのか」、「売上が上がっても、利益が下がっているのはなぜなのか」。ただ数字が上がればＯＫ、下がればＮＧといった結果オーライでは、必要な手立てを取ることができません。

「気合で頑張る」ではなく、裏付けのある指示を出し、時に軌道修正をするためにも、数字を読み込む力が必要となるのです。

私が管理職という立場になり、「数字」に徹底してこだわる大切さを教えてくれたのは、当時の社長でした。

会社は売上、利益をはじめ数字を上げ続けなければ、たちまち立ち行かなくなります。報告業務でも役員会の発表の際でも、裏付けのない数字に対しては、社長の厳しいツッコミが飛んでくるのが日常茶飯事でした。

いちばん若く、女性だった私は、社長から何度ダメ出しを受けたことでしょう。「もうこれ以上、注意されたくない」と考えた私は何時間かけても業績に関する数字の中身を徹底的に精査する習慣が自然とついたようです。

こうした蓄積を経て、独立後もクライアントのコンサルティング業務に際し、収支表を見ただけで「どの部門に弱点があるのか」「なぜここの売上が下がっているのか」といったことが分かるようになりました。

その時は、ただ「社長に突っ込まれたくない」という一心でがむしゃらにやっていただけですが、これも取締役を務めたからこそ身につけることができたマネジメント力です。

数字力に加えて、二つ目に身につけたいビジネス力が「プレゼン力」です。

女性のスピーチやプレゼンに対する男性上司の評価は、偏見や先入観も含めて手厳しい評価になりがちです。私自身も以前は「話が長い」「結論が見えない」「論理性がない」といった指摘を受けたことがたびたびありました。

役員になる前はまだまだ拙かった私のスピーチ・プレゼン力についても、鍛えてくれたのは社長でした。

ビジネスシーンでは論理性、客観性に加え、端的にポイントを絞った話の組み立てが重視されます。少しでもあいまいな物言いをすれば、容赦なくツッコまれ、その後の本当に伝えたい話には耳を貸してくれないといった残念な結果にもなりかねません。

私はとにかく準備に時間を費やしました。最初に結論、次に裏付けのデータ、理由を述べる。あらゆる数字の背景について裏を取り、突っ込まれそうな箇所をくまなく探し、傾向と対策をしっかり練る。最初は一語一句、スピーチ原稿を書いて、夜通し練習をしたものです。

あなたがもし「みんなの前で話をするのが苦手」と感じているならば、急に話上手になる〝特効薬〟はありません。まずは地道に時間をかけて準備をしっかりすることが大事です。本番前に信頼できるメンターや先輩に添削をしてもらい、プレゼンの相手になってもらうのもいいでしょう。

最後に、女性が長く働くうえで意識していただきたいのが自分の仕事、人生にしっかりと責任をもつ力、「自責力」です。

あなたが感じているように、女性がリーダーを目指し、自分らしい働き方を実現するには、社会的環境も完全には追いついていません。答えの出ない不可解な会社のしきたりや上司の態度に悔しい思いをしたり、理不尽な命令に「なぜ、こんな目に遭うの！」と憤ったりすることも、まだまだあるでしょう。

おかしいことには声を上げることも時には大事ですが、だからといって〝女性〟という立場を逆手に取って、権利主張ばかりするような人にはなってほしくないと思うのです。

志の高いあなた自身はそんな行動はしないと思いますが、先にも挙げたように女性の部下をもつようになれば、産前休暇や育児休暇、時短制度などを〝悪用〟に近いような形で利用するようなケースも出てこないとは限りません。私も何度かそういう場面に遭遇することがありました。

多くの女性には会社が用意してくれた制度を上手に活用し、プライベートも楽しんでほしいと心から願っていますが、すべてを〝いいとこ取り〟はできません。

「今は育児に集中したい」と思えば、一時、キャリアダウンになるようなこともあるでしょう。また、「今は仕事の頑張りどころだ」となれば、子どもと一緒にいる時間が短くなることもあるでしょう。何かを選べば、何かを手放さなければならないことがでてくるのは仕方がありません。

そこで「世の中が悪い」「会社の対応がおかしい」「夫が協力してくれない」とほかに責任を転嫁することからは何も生まれません。

自分が「これでいこう」と決意したならば、その決意に責任をもち、うまくいかなければ「どうしたら少しでもうまくいくのか」を考えてみましょう。

厳しいことを申し上げているようですが、自分の人生に責任をもつことは、自分で自分の人生をしっかりマネジメントし、コントロールしていくことにつながります。

自分の人生をマネジメントできてこそ、ほかのメンバーの力を上手に引出し、チームを引っ張っていくマネジメントスキルも身についてくるものだと思います。

時短で残業できずに職場でほかのメンバーの力を借りるならば心から感謝の意を伝え、日頃から仕事の進捗など、情報共有をしっかりすることが大前提となります。

家庭でも、自分が家庭を回していくリーダーと思えば、いかにほかの家族の力を借り、活用していくかもあなたの手腕次第です。

あなたが自分の人生に責任をもつ力をつけてこそ、人生は能動的に運び、面白くなります。あなたの潔い生きざまを見て、応援してくれる味方も増えてくるのです。

## あなた自身を褒めよう。自分の力を信じてみよう

いろいろと厳しいことも書いてきましたが、頑張っているあなたに、最後にどうしても伝えたいことがあります。

それは、どんな小さなことでも自分を褒めてあげてほしい、ということです。

これは、私自身がずっとやってきていることです。落ち込んでいる時は自分で自分を全力で（笑）褒めましょう。

どんなことでもいいのです。思い出してみましょう。

今までできなかったことをクリアし、上司に「よくやったな」と言われた時。チームでゴールを見据え、プロジェクトに取り組み、成果を出した時。お客さまや取引先、クライアントから「頑張ってるね」「ありがとう」と言われた時。チームのみんなで目標を達成し、祝杯を挙げた時。どんな小さなことでも、それはまがうことなく、あなたが社会に生み出したかけがえのない〝価値〟です。

実をいうと、私は独立し会社を立ち上げた直後、東日本大震災の液状化による被害で、1年間、営業をすることができませんでした。その年、次の年の2年間は暗黒の時代でした。もう会社を畳まないといけないのかもと思ったところで、改めてキャリアの棚卸し作業をしました。

そこで思い出したのが、スタッフ研修やクライアント企業の教育事業を担当していた経験でした。「この業界でカスタマーサービス研修に関しては私が先駆けのはず」「よく頑張ったなあ」と自分を褒めることで、少しずつ自信が湧いてきたのです。

そこで従来の業務メニューにはなかった研修業務を加え、会社として業務受託の営業活動を展開しました。そこから少しずつ仕事が増えていき、赤字だった会社を黒字に転換できたのです。

自分を褒め、できることに全力を注げば、必ずなんらかの形で突破口が開けます。いや、そうなろうと一心に仕事に取り組めば結果はついてきます。

そのためにも今より少し欲をもっていきませんか。勇気をもって一歩一歩、違う世界を見ていきませんか。

そしてぜひあとに続く後輩女性のためにも、等身大のリーダーを目指していってほしいのです。その先には必ずあなたが求める自分らしい生き方、人生が待っているはずです。

# おわりに

「一生、働くわよ」――自分の息子にそう宣言してから3年。

セカンドキャリアの場として２００９年には、カスタマーサポート業務に長く従事してきたキャリアを活かし、企業のＣＲＭ（Customer Relationship Management＝顧客関係性マネジメント）の変革をサポートする自分の会社を立ち上げました。

独立して10年が経ち、業績は順調に推移していますが、決して「会社を大きくしたい」とは考えていません。サラリーマン時代は会社の規模・業績拡大に貢献すべく、まい進してきた私ですが、自分の会社では従業員を多く雇い、事業の多角化を図りたいといったプランもありません。

また、肩書は代表取締役ではありますが、先頭に立って陣頭の指揮を執るというよりも、一緒に仕事をするメンバーを支えるバックアップに徹していきたい。そう考えています。